交通行业校企合作优秀教材

Jizhuangxiang Matou Yunying Shiwu
集装箱码头运营实务

刘 敏 汤 霞 戴敏华 主编

内 容 提 要

本书是一门以集装箱码头进出口业务、装卸工艺操作、集装箱码头业务实训为主的理实一体化教材。本书内容包括集装箱及集装箱码头认知、集装箱码头进出口业务、装卸工艺、闸口业务、货运站业务、装卸船操作及商务管理等。

本书可作为高职高专港口运输类专业及相关专业的学生用书,也可作为港口企业从事相关工作的在职人员培训用书。

图书在版编目(CIP)数据

集装箱码头运营实务 / 刘敏,汤霞,戴敏华主编.
—北京:人民交通出版社股份有限公司,2015.4
交通行业校企合作优秀教材
ISBN 978-7-114-12038-1

Ⅰ.①集… Ⅱ.①刘…②汤…③戴… Ⅲ.①集装箱码头-运营-高等职业教育-教材 Ⅳ.①U656.1

中国版本图书馆 CIP 数据核字(2015)第 062557 号

交通行业校企合作优秀教材

书　　名:**集装箱码头运营实务**
著 作 者:刘　敏　汤　霞　戴敏华
责任编辑:赵瑞琴
出版发行:人民交通出版社股份有限公司
地　　址:(100011)北京市朝阳区安定门外外馆斜街 3 号
网　　址:http://www.ccpress.com.cn
销售电话:(010)59757973
总 经 销:人民交通出版社股份有限公司发行部
经　　销:各地新华书店
印　　刷:北京市密东印刷有限公司
开　　本:787×1092　1/16
印　　张:9
字　　数:207 千
版　　次:2015 年 4 月　第 1 版
印　　次:2015 年 4 月　第 1 次印刷
书　　号:ISBN 978-7-114-12038-1
定　　价:25.00 元

(有印刷、装订质量问题的图书由本公司负责调换)

交通行业校企合作优秀教材
《集装箱码头运营实务》编委会

主　　任　　刘　敏

副 主 任　　汤　霞　　戴敏华

委　　员　　陈端海　　马常智　　蓝贤刚　　潘伟红

　　　　　　陈木进　　黄　辉　　区　婷　　崔岱龙

　　　　　　宋丽娟

编写人员　　刘　敏　　汤　霞　　戴敏华　　蓝贤刚

　　　　　　潘伟红　　区　婷　　崔岱龙

前　言

港口是世界最重要的交通基础设施，是国家经济建设和对外贸易发展的基础性支撑资源。近年来，我国主要港口的货物吞吐量在世界港口名列前茅，集装箱吞吐量已跃居世界第一。集装箱作为全球最便捷、最高效的国际运输方式，对现代物流业的发展起着举足轻重的作用，做好集装箱码头企业的运营管理对于提高集装箱运输效率，降低运输成本，进一步推动我国绿色物流经济有着极其重要的意义。

《集装箱码头运营实务》作为高职高专港口运输类专业核心教材，是一门以集装箱码头进出口业务、装卸工艺操作、集装箱码头业务实训为主的理论与实践一体化教材。通过本教材的学习，高职高专学生可以全面掌握集装箱船务公司及货运站、堆场、闸口等集装箱码头各类岗位的操作程序和工作要求，做到实习、就业"无缝衔接"。

本书系校企合作开发教材，获2012年珠海市社会科学哲学政府奖，是广东省"十二五"教育规划项目："基于西江港口产业需求的高职特色课程资源开发及应用研究"的重要成果之一，被评为交通运输类高职高专"十二五"规划教材和校企合作优秀教材。

本书可作为高职高专港口运输类专业及相关专业的学生用书，也可作为港口企业从事相关工作的在职人员培训用书。本书共10个学习情境，内容包括集装箱及集装箱码头认知、集装箱码头进出口业务、装卸工艺、闸口业务、货运站业务、装卸船操作及商务管理等。本教材由珠海城市职业技术学院与珠海港控股集团下属香洲港务、九洲国际货柜码头有限公司共同编写，刘敏、汤霞、戴敏华任主编，蓝贤钢、潘伟红、崔岱龙、区婷任副主编。具体分工如下：项目一～项目三，刘敏、戴敏华；项目四～项目七，刘敏、汤霞、蓝贤钢；项目八～项目十，汤霞、蓝贤钢、潘伟红、崔岱龙。全书的编写大纲由主编、副主编共同提出，由刘敏负责最后审定。

在编写过程中，我们参考、借鉴了有关专家的研究成果，并结合了大家的集体智慧，在此谨对上述全体人员及其付出的辛苦努力表示衷心的感谢！

编者虽尽力减少谬论，但由于学识和能力有限，不足之处在所难免，恳求读者不吝赐教指出。

编　者

2015年1月

目　　录

项目一　集装箱及集装箱码头认知 ·· 1
　　学习任务一　集装箱运输概况 ·· 1
　　学习任务二　集装箱认知 ·· 12
　　学习任务三　集装箱码头认知 ·· 21

项目二　集装箱码头进出口业务 ·· 27
　　学习任务一　港口进口业务流程 ·· 27
　　学习任务二　港口出口业务流程 ·· 30

项目三　集装箱码头装卸工艺认知 ·· 36
　　学习任务一　集装箱码头设施与设备认知 ·································· 36
　　学习任务二　集装箱码头装卸工艺认知 ···································· 46
　　学习任务三　新型集装箱码头装卸工艺 ···································· 50

项目四　集装箱码头闸口业务操作 ·· 53
　　学习任务一　集装箱码头闸口操作 ·· 53

项目五　集装箱码头堆场业务 ·· 61
　　学习任务一　集装箱堆场策划 ·· 61
　　学习任务二　堆场堆存管理 ·· 67

项目六　集装箱码头装卸船操作 ·· 71
　　学习任务一　集装箱船舶配积载操作 ······································ 71
　　学习任务二　集装箱装船理箱及装船操作 ·································· 77
　　学习任务三　集装箱船卸船理箱卸船操作 ·································· 83

项目七　集装箱码头货运站业务 ·· 88
　　学习任务一　集装箱货运站业务 ·· 88

项目八　集装箱中控室操作 ·· 96
　　学习任务一　中控室 ·· 96

项目九　集装箱码头商务管理 ·· 103
　　学习任务一　集装箱码头作业合同管理 ···································· 103

I

  学习任务二 集装箱码头计费管理 …………………………………………… 107

  学习任务三 集装箱码头理赔、保险管理 ………………………………… 111

项目十 集装箱码头管理信息系统 ………………………………………………… 117

  学习任务一 集装箱码头信息系统认知 …………………………………… 117

  学习任务二 EDI 技术在集装箱码头管理上的应用前景 ………………… 121

知识加油站 ………………………………………………………………………………… 125

参考答案 …………………………………………………………………………………… 131

项目一　集装箱及集装箱码头认知

学习任务一　集装箱运输概况

知识目标

1　了解集装箱运输的形成与发展。
2　了解集装箱运输的发展趋势。
3　掌握集装箱运输交接方式及地点。

技能目标

1　通过提出问题、布置任务,培养学生积极思考、主动学习的能力。
2　提高学生自我分析问题、解决问题的能力。
3　具有良好的职业素养。
4　具有自学、判断和创造性思维的基本素质。

实训模式

1　任务训练分小组进行,小组团队合作。
2　集装箱码头参观,通过现场教学,加深对集装箱运输基础知识及原理的理解。
3　建议采用理论、现场相结合的教学方式。

教学建议

1　集装箱码头参观现场教学,教师必须提前确定实训场地,联系相关专家进行现场讲解。
2　变先学后训为边做边学,使学生通过实训实现学习,实操技能得到较快提高,对每一任务的执行情况进行考核,加强授课中的过程监控,真正达到考核的目的。

[案例引入]

2000 年,发货人中国 A 进出口公司委托 B 对外贸易运输公司将 750 箱海产品从上海港出口运往印度,B 对外贸易运输公司又委托其下属 S 分公司代理出口。S 分公司接受委托后,向 P 远洋运输公司申请舱位,P 远洋运输公司指派了箱号为 HTM-5005 等 3 个满载集装箱后签发了清洁提单,同时发货人在中国人民保险公司处投保海上货物运输的战争险和一切险。货物运抵印度港口,收货人拆箱后发现部分海产品因箱内不清洁而腐烂变质,即向中国人民保险公司在印度的代理人申请查验。检验表明,250 箱海产品被污染。检验货物时,船方的代表也在场。为此中国人民保险公司在印度的代理人赔付了收货人的损失,之后中国人民保险公司向人民法院提起诉讼。

现问:

(1)在集装箱运输中,P 远洋运输公司应负有什么义务?它是否应对损失负责?

(2)在集装箱运输中,S 分公司应负有什么义务?它是否应对损失负责?

(3)中国人民保险公司是否是适格的原告?为什么?

(4)如果中国人民保险公司有资格作原告,它应将谁列为被告?

[解题思路]

本题专考海上集装箱运输合同责任,比较简单。解开本题之关键在于确认 P 远洋运输公司及 S 分公司有无责任。

[法理详解]

(1)这是对运货义务的考查。在海上集装箱运输中,根据国际惯例,集装箱应该清洁、干燥、无残留物以及前批货物留下的持久性气味。P 远洋运输公司的提单适用"海牙规则"的规定,承运人须在航次开始前和开始时履行应尽职责,以便使货舱、冷藏舱和该船装载货物的其他部分适于并能安全地收受、承运和保管货物。作为提供集装箱的承运人,明知发货人托运的是易于腐烂的海产品,而将未能彻底清除、残留有前一航次货物污染的不适载集装箱交给发货人装箱,违反了《中华人民共和国民法通则》第 111 条关于"履行合同义务不符合约定条件"的规定,对本案海产品的货损,犯有疏忽大意的过错,应该承担海产品损失的赔偿责任。对此《海商法》第 47 条也有规定:"承运人在船舶开航前和开航当时,应当谨慎处理,使船舶处于适航状态,妥善配备船员、装备船舶和配备供应品,并使货舱、冷藏舱、冷气舱和其他载货处所适于并能安全收受、载运和保管货物。"

(2)P 远洋运输公司签发的提单下 3 个集装箱的运输条件为集装箱运输,即由 S 分公司全权代理发货人发货点数、装船、铅封,S 分公司明知对于集装箱的检验,应是其作为发货人、代理人的职责,但是,本航次海产品装箱前,S 分公司没有申请商检,认为其对装箱的集装箱的适载性有充分的把握,没有尽到认真检查集装箱体的责任,违反了《中华人民共和国民法通则》第 66 条第 2 款的规定,有过失,也应承担相应的货损赔偿责任。

(3)中国人民保险公司可以作为适格的原告吗?《海商法》第 252 条规定:"保险标的发生保险责任范围内的损失是由第三人造成的,被保险人向第三人要求赔偿的权利,自保险人支付赔偿之日起,相应转移给保险人。"即保险人取得代位求偿权,所以中国人民保险公司有权作为原告提起诉讼。

(4)中国人民保险公司应将 P 远洋运输公司和 S 公司都作为被告提起诉讼,至于它们各自承担责任的大小,则由法院依据实际情况和法律的有关规定作出判断。

[知识链接]

一、集装箱运输的形成与发展

(一)集装箱运输的定义

集装箱运输(Container Transport),是指以集装箱这种大型容器为载体,将货物集合组装成集装单元,以便在现代流通领域内运用大型装卸机械和大型载运车辆进行装卸、搬运作业和完成运输任务,从而更好地实现货物"门到门"运输的一种新型、高效率和高效益的运输方式。

(二)集装运输的发展历程

集装箱运输是交通运输现代化的基本形式,它是现代化大生产和自动化机械装置运用到运输领域的产物,有其自身产生和发展的历史。集装箱运输的发展可分为以下几个阶段:

图 1-1　集装箱堆场

1. 初始阶段(19世纪初~1966年)

集装箱运输起源于英国。早在1801年,英国的詹姆斯·安德森博士已提出将货物装入集装箱进行运输的构想。1845年英国铁路曾使用载货车厢互相交换的方式,视车厢为集装箱,使集装箱运输的构想得到初步应用。19世纪中叶,在英国的兰开夏已出现运输棉纱、棉布的一种带活动框架的载货工具,这是集装箱的雏形。

正式使用集装箱运输货物是在20世纪初期。1900年,在英国铁路上首次试行了集装箱运输,后来相继传到美国(1917年)、德国(1920年)、法国(1928年)及其他欧美国家。

1966年以前,虽然集装箱运输取得了一定的发展,但在该阶段集装箱运输仅限于欧美一些先进国家,主要从事铁路、公路运输和国内沿海运输;船型以改装的半集装箱船为主,其典型船舶的装载量不过500TEU(20ft集装箱换算单位,简称"换算箱")左右,速度也较慢;箱型主要采用断面为8ft×8ft,长度分别为24ft、27ft、35ft的非标准集装箱,部分使用了长度为20ft和40ft的标准集装箱;箱的材质开始以钢质为主,到后期铝质箱开始出现;船舶装卸以船用

图 1-2 集装箱运输

装卸桥为主,只有极少数专用港口上有岸边装卸桥;港口装卸工艺主要采用海陆联运公司开创的底盘车方式,跨运车刚刚出现;集装箱运输的经营方式是仅提供港到港的服务。以上这些特征说明,在 1966 年以前集装箱运输还处于初始阶段,但其优越性已经得以显示,这为以后集装箱运输的大规模发展打下了良好的基础。

2. 发展阶段(1967~1983 年)

自 1967~1983 年,集装箱运输的优越性越来越被人们承认,以海上运输为主导的国际集装箱运输发展迅速,是世界交通运输进入集装箱化时代的关键时期。

1970 年约有 23 万 TEU,1983 年达到 208 万 TEU。集装箱船舶的行踪已遍布全球范围。随着海上集装箱运输的发展,各港纷纷建设专用集装箱泊位,世界集装箱专用泊位到 1983 年已增至 983 个。世界主要港口的集装箱吞吐量在 20 世纪 70 年代的年增长率达到 15%。专用泊位的前沿均装备了装卸桥,并在鹿特丹港的集装箱码头上出现了第二代集装箱装卸桥,每小时可装卸 50TEU。港口堆场上轮胎式龙门起重机、跨运车等机械得到了普遍应用,底盘车工艺则逐渐趋于没落。在此时期,传统的件杂货运输管理方法得到了全面改革,与先

图 1-3 集装箱

进运输方式相适应的管理体系逐步形成,电子计算机也得到了更广泛的应用,尤其是1980年5月在日内瓦召开了有84个贸发会议成员国参加的国际多式联运会议,通过了《联合国国际货物多式联运公约》。该公约对国际货物多式联运的定义、多式联运单证的内容、多式联运经营人的赔偿责任等问题均有所规定。公约虽未生效,但其主要内容已为许多国家所援引和应用。

虽然在20世纪70年代中期,由于石油危机的影响,集装箱运输发展速度减慢,但是这一阶段发展时期较长,特别是许多新工艺、新机械、新箱型、新船型以及现代化管理,都是在这一阶段涌现出来的,世界集装箱向多式联运方向发展也孕育于此阶段之中,故可称之为集装箱运输的发展阶段。

3. 成熟阶段(1984年以后)

1984年以后,世界航运市场摆脱了石油危机所带来的影响,开始走出低谷,集装箱运输又重新走上稳定发展的道路。有资料显示,发达国家件杂货运输的集装箱化程度已超过80%。据统计,到1998年世界上约有各类集装箱船舶6800多艘,总载箱量达579万TEU。集装箱运输已遍及世界上所有的海运国家,随着集装箱运输进入成熟阶段。世界海运货物的集装箱化已成为不可阻挡的发展趋势。

集装箱运输进入成熟阶段的特征主要表现在以下两个方面:

(1)硬件与软件的成套技术趋于完善。干线全集装箱船向全自动化、大型化发展,出现了2500~4000TEU的第三代和第四代集装箱船。一些大航运公司纷纷使用大型船舶组织了环球航线。为了适应大型船停泊和装卸作业的需要,港口大型、高速自动化装卸桥也得到了进一步发展。为了使集装箱从港口向内陆延伸,一些先进国家对内陆集疏运的公路、铁路和中转场站以及车辆、船舶进行了大量的配套建设。在运输管理方面,随着国际法规的日益完善和国际管理的逐步形成,实现了管理方法的科学化,管理手段的现代化。一些先进国家已从原仅限于港区管理发展为与口岸相关各部门联网的综合信息管理,一些大公司已能通过通信卫星在全世界范围内对集装箱实行跟踪管理。先进国家的集装箱运输成套技术为发展多式联运打下了良好的基础。

(2)进入多式联运和"门到门"运输阶段。实现多种运输方式的联合运输是现代交通运输的发展方向,集装箱运输在这方面具有独特优势。先进国家由于建立和完善了集装箱的综合运输系统,使集装箱运输突破了传统运输方式的"港到港"概念,综合利用各种运输方式的优点,为货主提供"门到门"的优质运输服务,从而使集装箱运输的优势得到充分发挥。"门到门"运输是一项复杂的国际性综合运输系统工程,先进国家为了发展集装箱运输,将此作为专门学科,培养了大批集装箱运输高级管理人员、业务人员及操作人员,使集装箱运输在理论和实务方面都得到逐步完善。

二、集装箱运输的关系方

集装箱运输的管理方法和工作体系与传统运输方式不同,其主要的关系方有集装箱运输经营人、无船承运人、实际承运人、集装箱租赁公司、集装箱专用港口(堆场)和货运站。

1. 无船承运人

他们专门经营集装箱货运的揽货、装箱、拆箱、内陆运输及经营中转站或内陆站业务,可以具备实际运输工具,也可不具备。

2. 实际承运人

掌握运输工具并参与集装箱运输的承运人。通常他们拥有大量的集装箱,以利于集装箱的周转、调拨、管理以及集装箱与车船机的衔接。

3. 集装箱租赁公司

专门经营集装箱出租业务。集装箱租赁对象主要是一些较小的运输公司、无船承运人以及少数货主。这类公司业务包括出租、回收、存放、保管以及维修等。

4. 集装箱堆场

指办理集装箱重箱或空箱装卸、转运、保管、交接的场所。

5. 集装箱货运站

是处理拼箱货的场所,它办理拼箱货的交接、配箱积载后,将箱子送往CY,并接受CY交来的进口货箱、进行拆箱、理货、保管,最后拨交给各收货人。同时也可按承运人的委托进行铅封和签发场站收据等业务。

三、集装箱运输交接方式及地点

1. 集装箱运输交接方式

集装箱货运分为整箱和拼箱两种,因此在交接方式上也有所不同,纵观当前国际上的做法,大致有以下四类:

(1) 整箱交、整箱接(FCL/FCL)。货主在工厂或仓库把装满货后的整箱交给承运人,收货人在目的地以同样整箱接货,换言之,承运人以整箱为单位负责交接。货物的装箱和拆箱均由货方负责。

(2) 拼箱交、拆箱接(LCL/LCL)。货主将不足整箱的小票托运货物在集装箱货运站或内陆转运站交给承运人,由承运人负责拼箱和装箱运到目的地货运站或内陆货运站,由承运人负责拆箱,拆箱后,收货人凭单接货。货物的装箱和拆箱均由承运人负责。

(3) 整箱交、拆箱接(FCL/LCL)。货主在工厂或仓库把装满货后的整箱交给承运人,在目的地的集装箱货运站或内陆转运站由承运人负责拆箱后,各收货人凭单接货。

(4) 拼箱交、整箱接(LCL/FCL)。货主将不足整箱的小票托运货物在集装箱货运站或内陆转运站交给承运人。有承运人分类调整,把同一收货人的货集中拼装成整箱,运到目的地后,承运人以整箱交,收货人以整箱接。

上述各种交接方式中,以整箱交、整箱接效果最好,也最能发挥集装箱的优越性。

2. 集装箱货物的交接地点

(1) 门到门(DOOR TO DOOR)。由托运人负责装载的集装箱,在其货仓或工厂仓库交承运人验收后,由承运人负责全程运输,直到收货人的货仓或工厂仓库交箱为止。这种全程连线运输,称为"门到门"运输。

(2)门到场(DOOR TO CY)。由发货人货仓或工厂仓库至目的地或卸箱港的集装箱装卸区堆场。

(3)门到站(DOOR TO CFS)。由发货人货仓或工厂仓库至目的地或卸箱港的集装箱货运站。

(4)场到门(CY TO DOOR)。由起运地或装箱港的集装箱装卸区堆场至收货人的货仓或工厂仓库。

(5)场到场(CY TO CY)。由起运地或装箱港的集装箱装卸区堆场至目的地或卸箱港的集装箱装卸区堆场。

(6)场到站(CY TO CFS)。由起运地或装箱港的集装箱装卸区堆场至目的地或卸箱港的集装箱货运站。

(7)站到门(CFS TO DOOR)。由起运地或装箱港的集装箱货运站至收货人的货仓或工厂仓库。

(8)站到场(CFS TO CY)。由起运地或装箱港的集装箱货运站至目的地或卸箱港的集装箱装卸区堆场。

(9)站到站(CFS TO CFS)。由起运地或装箱港的集装箱货运站至目的地或卸箱港的集装箱货运站。

四、集装箱多式联运

集装箱的多式联运组织主要体现在以下几个方面：

1.货源组织

(1)集装箱货源。集装箱的适箱货源,根据国家《关于发展我国集装箱运输若干问题的规定》中规定的适箱货为12个品类,即交电、仪器、小型机械、玻璃陶瓷、工艺品、印刷品及纸张、医药、烟酒食品、日用品、化工品、针纺织品和小五金等杂货。贵重、易碎、怕湿的货物均属于集装箱运输货物,集装箱货源从运输组织上分为整箱货和拼箱货两类。整箱货是指发货人需单独使用一个集装箱的货物,整箱货是由发货人负责装箱计数并施封。拼箱货是指两个以上发货人货物拼装在一个集装箱内的货物,拼箱货的装卸作业由承运人或有关运输代理部门负责。

(2)日常货源组织工作。做好日常货源的组织工作,对于组织合理运输、充分利用现有设备能力,有着十分重要的意义。日常货源组织对于货物的品种、数量、流向、时间上都有着一定的要求。对于不同品种的货物要详细了解其尺寸、外形、重量和需要的集装箱类型及数量等;在流向上要提出货物到站、港,以便组织拼装货;在时间上按照运输作业的需要进行货源的组织工作。日常货源组织工作是一项十分重要、细致的工作,要产、运、销共同配合完成。

2.运输工作组织

集装箱运输工作组织,可以分为发送作业、中转作业和交付作业,以铁路集装箱运输组织工作为例:

（1）发送作业。是指在发站装运之前各项货运作业，包括集装箱承运前的组织工作和承运后至装运前的作业。具体包括货主要明确使用集装箱运输的条件及有关规定，如必须在指定的集装箱办理站，按站内规定承运日期办理：办理站受理、审核、装箱等。

（2）中转作业。集装箱运输除了由发站至到站的形式外，还有一部分集装箱要经过中转才能至到站。中转站的任务是负责将到达中转站的集装箱迅速按去向、到站重新配装继续发往到站。

（3）交付作业。是指装运集装箱的货车到货场后需要办理的卸车和向货主办理交付手续等工作，具体包括卸车作业、交付作业，铁路货运员根据车站的卸车计划及时安排货位、核对运单、货票、装载清单与集装箱箱号，印封号门的集装箱由铁路货运员与收货人代理共同核对箱号，检查箱体封印，确认无误后，填发门到门运输作业单，并在作业单上签收。

（4）联运形式。集装箱运输是现代化发展的必然产物，集装箱运输的发展又必须进行集装箱的联运，单独靠一种运输方式开展集装箱运输已经不能充分发挥集装箱运输的优越性，达不到预期的效果。因此，组织铁路、水运、公路多种运输的集装箱联运已成为现代化运输的必然产物，当今集装箱运输被称为海陆空的主体运输，已由国内联运发展到国际联运，由在一个国家内的不同运输方式中进行，发展到几个国家甚至洲际范围内进行。集装箱联运就是通过各种运输方式主管部门相互配合共同努力而完成运输的全过程。

五、集装箱运输的特点

1. 高效益的运输方式

集装箱运输经济效益高主要体现在以下几方面：

（1）简化包装，大量节约包装费用。为避免货物在运输途中受到损坏，必须有坚固的包装，而集装箱具有坚固、密封的特点，其本身就是一种极好的包装。使用集装箱可以简化包装，有的甚至无须包装，实现件杂货无包装运输，可大大节约包装费用。

（2）减少货损货差，提高货运质量。由于集装箱是一个坚固密封的箱体，集装箱本身就是一个坚固的包装。货物装箱并铅封后，途中无须拆箱倒载，一票到底，即使经过长途运输或多次换装，不易损坏箱内货物。集装箱运输可减少被盗、潮湿、污损等引起的货损和货差，深受货主和船公司的欢迎，并且由于货损货差率的降低，减少了社会财富的浪费。

（3）减少营运费用，降低运输成本。由于集装箱的装卸基本上不受恶劣气候的影响，船舶非生产性停泊时间缩短，又由于装卸效率高，装卸时间缩短，对船公司而言，可提高航行率，降低船舶运输成本。对港口而言，可以提高泊位通过能力，从而提高吞吐量，增加收入。

2. 高效率的运输方式

传统的运输方式具有装卸环节多、劳动强度大、装卸效率低、船舶周转慢等缺点。而集装箱运输完全改变了这种状况。

（1）普通货船装卸，一般每小时为35t左右，而集装箱装卸，每小时可达400t左右，装卸效率大幅度提高。同时，由于集装箱装卸机械化程度高，因而减少了装卸工人，大大提高了劳动生产率。

(2)由于集装箱装卸效率很高,受气候影响小,船舶在港停留时间大大缩短,因而船舶航次时间缩短,船舶周转加快,航行率大大提高,船舶生产效率随之提高,从而,提高了船舶运输能力,在不增加船舶艘数的情况下,可完成更多的运量,增加船公司收入,提高了船公司的经济效益。

3.高投资的运输方式

集装箱运输虽然是一种高效率的运输方式,但是也是一种资本高度密集的行业。

(1)船公司必须对船舶和集装箱进行巨额投资。根据有关资料表明,集装箱船每立方英尺的造价约为普通货船的3.7~4倍。集装箱的投资相当大,开展集装箱运输所需的高额投资,使得船公司的总成本中固定成本高达三分之二以上,占有相当大的比例。

(2)集装箱运输中港口的投资也相当大。专用集装箱泊位的港口设施包括港口岸线和前沿、货场、货运站、维修车间、控制塔、门房,以及集装箱装卸机械等,耗资巨大。

(3)为开展集装箱多式联运,还需有相应的内陆设施及内陆货运站等,为了配套建设,这就需要兴建、扩建、改造、更新现有的公路、铁路、桥梁、涵洞等,这方面的投资更是惊人。可见,没有足够的资金开展集装箱运输,实现集装箱化是困难的,必须根据国力量力而行,最后实现集装箱化。

4.高协作的运输方式

集装箱运输涉及面广、环节多、影响大,是一个复杂的运输系统工程。集装箱运输系统包括海运、陆运、空运、港口、货运站以及与集装箱运输有关的海关、商检、船舶代理公司、货运代理公司等单位和部门。如果互相配合不当,就会影响整个运输系统功能的发挥,如果某一环节失误,必将影响全局,甚至导致运输生产停顿和中断。因此,要求搞好整个运输系统各环节、各部门之间的高度协作。

5.适于组织多式联运

由于集装箱运输在不同运输方式之间换装时,无需搬运箱内货物而只需换装集装箱,这就提高了换装作业效率,适于不同运输方式之间的联合运输。在换装转运时,海关及有关监管单位只需加封或验封转关放行,从而提高了运输效率。此外,由于国际集装箱运输与多式联运是一个资金密集、技术密集及管理要求很高的行业,是一个复杂的运输系统工程,这就要求管理人员、技术人员、业务人员等具有较高的素质,才能胜任工作。

六、集装箱运输的优越性

集装箱运输是一种现代化的先进运输方式。它导致了货物流通过程中各个环节的变革,提高了物流质量和效率。其优越性主要体现在如下六方面:

(1)保证货物运输安全,减少货物损失。由于一般集装箱多为钢质集装箱,有足够的强度和密封性,防护性能好,可避免人为的和自然因素的不良影响和破坏,能防水、防潮、防丢失、防盗、防破坏,可基本上消灭货物运输中的破损和短少事故。

(2)节省包装材料,降低包装费用。由于集装箱本身就是一个比较理想的包装箱,具有很好的保护功能,又可实现"门到门"运输,因此装入集装箱的货物可以简化包装甚至取消包装,从而节省大量的包装材料,减少包装费用的支出。

(3)简化运输手续,提高工作效率。货物利用集装箱运输,有的是一箱一票,有的是一票多箱。在承运、装车、卸车、交接等作业中,箱内货物无须清点、检斤。特别是集装箱联运,托运人一次托运,一票到底。和零担运输相比较,可大大简化托运、承运手续,提高工作效率。

(4)提高装卸效率,加速车船周转。由于货物的装卸搬运是以集装箱为单元进行的,而且采用机械化作业,所以大大缩短装卸作业时间,提高作业效率,而且缩短运输工具的待装待卸时间,加速车船周转,还有利于及时疏港疏站(包括大件运输)。

(5)可以露天存放,减少仓库占用。由于集装箱具有良好的防水防潮性能,所以可放置在露天货场,不需要入库保管,从而能节省仓库面积的占用,节省建设仓库的投资,降低仓储成本。

(6)便于利用计算机进行现代化管理。集装箱体规格标准,便于储存、运输和装卸作业机械化,计量、查点、统计比较容易,收发手续简便,最适合利用计算机进行管理,以提高科学管理水平。

由于集装箱具有以上这些优越性,所以近几十年来,我国集装箱运输有了突破性的发展,无论是国内集装箱运输还是国际集装箱运输,都已初具规模。交通运输部提出要逐步建立集装箱运输"门到门"运输网络,制定服务标准,基本实现零担适箱货物运输集装箱化,以适应国民经济发展和进出口贸易的需要。

七、国际集装箱运输的发展趋势

综观集装箱运输的发展轨迹,以及运输技术的未来变化,可以预示今后集装箱运输将会出现以下的发展趋势:

1. 国际集装箱运输量继续增长

相比其他运输方式,集装箱运输是一种较新的模式,这种运输方式本身还在不断地发展和变化,它将在整个运输中承担越来越大的市场份额。这种增长主要来自于适合装入集装箱的货物进一步集装箱化,同时,短途的沿海集装箱运输量将有明显增加。

2. 国际集装箱船舶的大型化

根据规模经济的规律,生产规模的扩大能使生产成本下降。为了参与国际范围内的竞争,减少运输成本,各大跨国航运公司纷纷投资,大力发展大型化集装箱船舶,使世界集装箱船舶的平均载箱量逐年上升。据 Clarkson 统计,十年前超巴拿马型集装箱船占全球集装箱船队运力比重3%左右,现已经达到35%左右;2005年前,8000TEU 大型超巴拿马型船占全球集装箱船队运力比重仅 1.7%,如今这一比例已升至 13.4%。目前,在欧美干线市场,8000TEU 以上大船层出不穷;在次干航线巴拿马型船舶层出不穷;在近洋航线,1000TEU 以上船型被陆续投入中日航线、东南亚航线等航线运营。

3. 国际集装箱码头的深水化、大型化和高效化

随着集装箱船舶的大型化,水深越来越成为船公司选择港口的重要因素。船舶的大型化要求有自然条件良好的、处于航运干线附近的深水港与之配套,因此全球运输中的枢纽港

的作用日益重要,而这些起枢纽作用的港口的稳定货源必须有众多的支线港予以支撑。而枢纽港的非直接腹地的货源所占比重会不断增加。这种集装箱向少数一些港口集聚的趋势已表现得越来越明显,中国香港特区和新加坡的集装箱吞吐量的急剧上升印证了这一点。因此,集装箱码头规模的扩大、港口深水化、高效化已成为枢纽港的必要条件。为此,集装箱码头将向着全自动化作业方向发展,装卸工艺将有突破性改进,作业设备将进入新一轮的更新换代时期。

4. 挂靠港减少

干线运输网络扩大航运公司运力优化配置带来的最大效果就是运输服务质量的提高。这表现为航线挂靠港减少,服务密度增加,交货期缩短。在重组的以枢纽港为核心的新的港口群中,港口密度将进一步提高,大中小港口、大中小泊位、专业与通用泊位将更强调相互协调发展,港口群体将更注重港口间密切的相互协作和高度的互补性,从而导致采用更为接近的港口技术设施。

5. 适应现代社会对集装箱运输系统的柔性化需求

运输系统为之服务的客户已越来越不满足于原先那种被动适应运输需要的方式,而正在寻求适应客户自己需要的运输。客户对于运输的多样化需求,预示着运输方式应具有更大的适应性,即不能再像过去那样无法对客户的需求作出敏捷的反应,而应该是现代社会所要求的提供更为"柔性"的运输服务系统,目前正在大力推进的集装箱多式联运正是顺应了这种变化。多式联运将集装箱这种现代运输方式的触角一直伸到物流的始末端,伸向客户企业,伸向消费市场。这种需求势必产生"运输支线与运输干线相连接,分流港与枢纽港相配合,大箱与小箱相配套"的集装箱运输格局。

6. 集装箱运输组织方式将会明显改变

现代整装箱运输系统要求铁路、公路、水运、航空、港口、机场、仓储以及相关的海关、检验检疫、货主企业等方面的协同组织,这正是提高运输效率,降低运输成本的关键。这种需求与人们追求运输系统整个过程的效率,降低整个过程的运输成本的要求是一致的。因此,集装箱运输系统组织的进一步集成化将是未来发展的一种趋势。在海运方面,这种集成化趋势已经非常明显,这主要体现在航运企业内部趋于集中,外部走向联合。

7. 信息化将是未来集装箱运输管理的关键

近年来信息网络技术不断发展,使得客户的需求也悄然发生着变化。越来越多的客户希望采用信息化手段实现交易,对船公司电子商务的需求及依赖性越来越大。因此,航运公司必须以更加积极的态度加强信息系统建设,发展电子商务,拓宽营销渠道,实现从单一的集装箱运输服务向实体服务与信息增值服务兼顾的转变。

8. 绿色航运正在成为集装箱海运的发展趋势

随着公众对污染排放越来越关注,集装箱运输的环保问题已经被各班轮公司提升到战略高度。可以预见,减少燃油消耗、使用低硫燃料、冷靠港(由船电切换到岸电)将是未来班轮公司实施绿色航运的重要措施。

学习任务二 集装箱认知

知识目标

1 了解集装箱的概念。
2 掌握集装箱的分类及其尺寸。
3 掌握集装箱的结构。
4 掌握集装箱的标记。

技能目标

1 能正确选用集装箱种类。
2 能识别集装箱的构造。
3 能分析集装箱的标记。

实训模式

1 校企实训,通过到企业参观学习,认识集装箱。
2 集装箱模型制作,通过对集装箱模型制作,加深对集装箱基础知识的理解。

教学建议

1 建议采用理论讲授与现场教学相结合的教学方式。
2 对每一任务的执行情况进行考核,加强了授课中的过程监控,真正达到考核的目的。

[案例引入]

无因管理之债是指未受委任、并无义务,而为他人管理事务所产生的债权债务关系。由于经营性集装箱堆场管理者主观上具有赢利的目的,且没有以是否对他人有利为标准谨慎行为,一般可以排除其适用无因管理的可能。此外,当集装箱堆场的经营收益权受侵犯时,必须选择恰当的司法救济手段,擅自扣留涉案集装箱必须承担相应的侵权赔偿责任。

[案情]
原告:北京利航国际货运有限公司上海分公司(以下简称北京利航)
被告:上海华航国际货运有限公司(以下简称上海华航)

上海华航与案外人上海东岳国际货运有限公司协议约定,由上海东岳国际货运有限公司租用上海华航逸仙路堆场及仓库,存放及改装集装箱。2003年9月12日至9月24日,北京利航从上海海丰国际船舶代理有限公司租赁了4只20英尺、4只40英尺集装箱,1只40英尺超高集装箱,暂放于上海华航的逸仙路堆场,但未与上海华航签订储存合同。2003年9月下旬,上海东岳国际货运有限公司发现自己的职员姜兵利用工作之便,在上海华航的堆场私自为北京利航改装集装箱,上海华航始知此9只集装箱未经合法手续存放于自己堆场。

2003年9月底10月初,北京利航委托安徽省寿县运输公司汽车队前去堆场提箱准备装货,上海华航以涉案集装箱有经济纠纷为由,拒绝放箱。2003年1月12日,北京利航与上海华航电话联系,希望能解决提箱问题,但上海华航继续阻止原告提箱。

另查明,因为北京利航的集装箱在上海华航堆场不能取出,产生从2003年10月1日起至2004年1月25日的超期使用费人民币235622.40元。

[裁判]

上海海事法院审理认为,涉案9只集装箱进入上海华航堆场存放,虽然没有签订储存合同,但从2003年9月下旬,上海华航已经知道这9只集装箱是北京利航租来运输货物的。2003年10月1日、2004年1月12日北京利航两次联系提箱之事,上海华航仍然无理滞留原告的集装箱,其滞留集装箱没有合同约定,也没有法律规定,侵犯了北京利航对集装箱的使用、收益权,故应对2003年10月1日以后产生的超期费承担赔偿责任。一审判决上海华航赔偿北京利航集装箱超期使用费人民币235622.40元。上海华航不服一审判决,提起上诉,二审认为,上海华航存储涉案集装箱的行为不构成无因管理,其阻止北京利航提箱的行为存在过错,应承担损害赔偿责任,遂判决驳回上诉,维持原判。

[评析]

1.无因管理的法律构成

按照民法的基本原理,债的产生原因主要可分为合同之债和法定之债,作为法定之债的重要组成部分,无因管理之债是指未受委任、并无义务,而为他人管理事务所产生之债。根据《中华人民共和国民法通则》第九十三条的规定,无因管理的构成条件包括为避免他人的利益受损失、没有法定或约定的义务、为他人提供管理或服务。从上述构成要件中,一般可以排除经营性的集装箱堆场适用无因管理的可能性。

第一,经营性集装箱堆场的管理者主观上具有赢利的目的。经营性集装箱堆场是通过出租场地并提供管理服务收取储存费用的,该费用高于其支出的实际成本,具有一定的经济效益。无论该堆场是否与他人签订储存合同,他人提取集装箱时,堆场经营人收取的一般都是包含了利润在内的储存费用,并非其实际支出的成本,因此,这种赢利性的主观目的不同于无因管理中避免他人损失的主观善意。

第二,经营性堆场的管理行为必须有利于他人。无因管理的管理人旨在保障协助他人的利益,同时又要保护他人的自身事务不受不请自来的干预,因此,管理人必须以是否对他人有利为标准谨慎行为,鉴于管理人对不同事件的认识程度和能力不同,最终结果是否对他人有利则可以忽略。在本案中,上海华航在北京利航两次联系提箱事由时,以经济纠纷为由阻止提箱,造成北京利航支付集装箱超期使用费的经济损失,这显然违背了有利于他人的标准。

第三,无因管理管理人的费用偿还请求权不得通过留置管理物方式行使。集装箱储存合同属于仓储管理合同,包含了出租场地堆放和提供管理服务的两项内容,根据我国合同法第395条、380条的规定,保管人在寄存人未支付保管费时可以对保管物享有留置权,但无因管理的管理人则没有该项权利。

第四,即使未签订储存合同,经营性堆场管理集装箱的行为仍可属于事实契约行为,只要双方当事人意思表示一致,集装箱储存合同可以成立。集装箱储存合同属于合同法规定的诺成性、不要式合同,是否书面签订储存合同不是合同成立的条件,只要合同双方当事人意思表示一致,集装箱储存合同即告成立。对经营性集装箱堆场而言,提供堆放场地并管理服务是集装箱储存合同中的主要义务,即使未与集装箱使用人签订储存合同,其管理行为一般也可以作为履行合同的意思表示,而集装箱使用人明知集装箱堆场的经营性质,将其使用的集装箱放置于堆场内,同样是一种愿意履行合同的意思表示。当然,并非集装箱堆场提供场地并管理的行为都直接导致储存合同的成立,关键在于双方在事实契约行为成立之后是否可以就储存合同的主要权利和义务达成意思一致。如本案中,上海华航虽然履行了集装箱储存合同的主要义务,但其直至庭审中仍明确表示没有与北京利航签订储存合同的意愿,坚称其行为属于无因管理,因此双方当事人在集装箱储存合同的内容上没有形成一致的合意,合同也无法成立。

2.侵犯集装箱堆场经营收益权的司法救济手段

从本案的实际情况分析,北京利航在未与上海华航签订书面储存合同或履行相关合法手续的情况下,擅自将其租赁的集装箱存放在上海华航堆场内的行为是存在过错的,客观上侵犯了上海华航对其堆场享有的收益权。作为权利受侵害的受害方,在得知北京利航擅自将其租赁的集装箱存放自己的堆场后,上海华航可以有三种司法救济手段。一是立即通知北京利航提取涉案集装箱,并向法院提起诉讼,要求北京利航承担无因管理之债。二是与北京利航就涉案集装箱储存事宜进行协商,达成一致后补充签订集装箱储存合同,当北京利航未支付有关储存费用而提取集装箱时,可依法行使留置权。三是以侵权为由,向法院提起诉讼,要求北京利航承担侵权损害赔偿责任,但不得阻止北京利航提取涉案集装箱。

应当引起注意的是,在上述三种司法救济手段中,唯有集装箱储存合同成立时,上海华航才对涉案集装箱享有合法的留置权。然而,上海华航在得知北京利航擅自将其租赁的集装箱存放自己的堆场后,多次拒绝与北京利航协商解决集装箱储存事宜,在集装箱储存合同未成立的情况下又以经济纠纷为由拒绝北京利航提箱,这种将错就错的行为同样存在过错,并且直接导致了北京利航支付集装箱超期使用费的经济损失,上海华航由受害者转变成为施害者,最终必须承担了相应的侵权赔偿责任。

[知识链接]

一、集装箱的概念

集装箱(Container)是一种用以运输货物的大型容器,是一种综合性运输工具(这一术语不包括车辆和一般包装),根据国家标准化组织的建议,凡具备下列条件的货物运输容器,都可称为集装箱:

(1)能长期反复使用,具有足够的强度。

(2)各种运输方式联运或中途中转时,箱内货物无须倒装。

(3)具有便于快速装卸和搬运的装置,可以从一种运输方式比较方便地直接换装到另一种运输方式。

(4)便于货物装满与卸空,能充分利用箱内容器。

(5)箱内几何容积在 $1m^3$ 以上。

二、集装箱的分类

集装箱种类很多,分类方法多种多样,有以下分类方法:

1. 按用途分类

分为干货集装箱(又称杂货集装箱 Dry Container)、散货集装箱(Bulk Container)、液体货集装箱(Liquid Cargo Container)、冷藏集装箱(Refrigerated Container)、敞顶集装箱(Open Top Container)、台架式集装箱(Platform Based Container)、平台集装箱(Platform Container)、罐式集装箱(Tank Container)、通风集装箱(Ventilated Container),以及一些特种专用集装箱(Special Container),如汽车集装箱、牧畜集装箱、兽皮集装箱等。

杂货集装箱是最普通的集装箱,主要用于运输一般杂货,适合各种不需要调节温度的货物使用的集装箱,一般称通用集装箱。

散货集装箱是用以装载粉末、颗粒状货物等各种散装的货物的集装箱。

液体货集装箱是用以装载液体货物的集装箱。

冷藏集装箱是一种附有冷冻机设备,并在内壁敷设热传导率较低的材料,用以装载冷冻、保温、保鲜货物的集装箱。

开顶集装箱是用于装载玻璃板,钢制品,机械等重货,可以使用起重机从顶部装卸,开顶箱顶部可开启或无固定顶面的集装箱。

框架集装箱是以箱底面和四周金属框架构成的集装箱,适用于长大、超重、轻泡货物。

平台集装箱是专供装运超限货物的集装箱,有一个强度很大的底盘,在装运大件货物时,可同时使用几个平台集装箱。

罐装集装箱是由箱底面和罐体及四周框架构成的集装箱,适用于液体货物。

汽车集装箱是一种专门设计用来装运汽车,并可分为两层装货的集装箱。

牲畜集装箱是一种专门设计用来装运活牲畜的集装箱,有通风设施,带有喂料和除粪装置。

兽皮集装箱是一种专门设计用来装运生皮等带汁渗漏性质的货物,有双层底,可存贮渗漏出来的液体的集装箱。

2. 按制造材料分类

制造材料是指集装箱主体部件(侧壁、端壁、箱顶等)材料,可分成钢制集装箱、铝合金集装箱、玻璃钢集装箱三种,此外还包括木集装箱、不锈钢集装箱等。其中:钢制集装箱,钢材制成,优点是强度大,结构牢,焊接性高,水密性好,价格低廉;缺点是重量大、防腐性差;铝合金集装箱,铝合金材料制成,优点是重量轻,外表美观,防腐蚀,弹性好,加工方便以及加工费、修理费低,使用年限长;缺点是造价高,焊接性能差;玻璃钢集装箱,玻璃钢材料制成,优点是强度大,刚性好,内容积大,隔热、防腐、耐化学性好,易清扫,修理简便;缺点是重量大,易老化,拧螺栓处强度降低。

3. 按结构分类

分为三类:固定式集装箱(Rigid Container)、折叠式集装箱(Collapsible Container)、薄壳式集装箱(Monocoque Container)。固定式集装箱中又分密闭集装箱(Airtight Container)、开顶集装箱(Open Top Container)、板架集装箱(Flat Rack Container)等;折叠式集装箱,指集装

箱的主要部件(侧壁、端壁和箱顶)能简单地折叠或分解,再次使用时可方便地再组合起来;薄壳式集装箱,是把所有部件组成一个钢体,优点是重量轻,可以适应所发生的扭力而不会引起永久变形。

4.按总重分类

分为30t集装箱、20t集装箱、10t集装箱、5t集装箱、2.5t集装箱等。

5.按规格尺寸分类

国际上通常使用的干货柜(Dry Container)有:外尺寸为20英尺×8英尺×8英尺6英寸,简称20尺货柜;外尺寸为40英尺×8英尺×8英尺6英寸,简称40尺货柜;外尺寸为40英尺×8英尺×9英尺6英寸,简称40尺高柜。

三、集装箱的标准尺寸

集装箱尺寸包括集装箱外尺寸和集装箱内尺寸。

集装箱外尺寸(Container's Overall External Dimensions)包括集装箱永久性附件在内的集装箱外部最大的长、宽、高尺寸。它是确定集装箱能否在船舶、底盘车、货车、铁路车辆之间进行换装的主要参数,是各运输部门必须掌握的一项重要技术资料。

图1-4 集装箱内部

集装箱内尺寸(Container's Internal Dimensions)有集装箱内部的最大长、宽、高尺寸。高度为箱底板面至箱顶板最下面的距离,宽度为两内侧衬板之间的距离,长度为箱门内侧板量至端壁内衬板之间的距离。它决定集装箱内容积和箱内货物的最大尺寸。

按集装箱内尺寸可以计算出装货容积。同一规格的集装箱,由于结构和制造材料的不同,其内容积略有差异。集装箱内容积是物资部门或其他装箱人必须掌握的重要技术资料。

目前使用的国际集装箱规格尺寸主要是第一系列的4种箱型,即A型、B型、C型和D型。它们的尺寸和重量见表1-1。

第一系列集装箱规格尺寸和总重量　　　　　　　　表1-1

规格 (英尺)	箱型	长		宽		高		最大总重量	
		公制 mm	英制 ft in	公制 mm	英制 ft in	公制 mm	英制 ft in	kg	lb
40	1AAA 1AA 1A 1AX	12 192	40′	2438	8′	2896 2591 2438 <2438	9′6″ 8′6″ 8′ <8′	30 480	67 200
30	1BBB 1BB 1B 1BX	9 125	29′11.25″	2438	8′	2896 2591 2438 <2438	9′6″ 8′6″ 8′ <8′	25 400	56 000

续上表

规格 (英尺)	箱型	长		宽		高		最大总重量	
		公制 mm	英制 ft in	公制 mm	英制 ft in	公制 mm	英制 ft in	kg	lb
20	1CC 1C 1CX	6 058	19′10.5′	2438	8′	2591 2438 <2438	8′6″ 8′ <8′	24 000	52 900
10	1D 1DX	2 991	9′9.75″	2438	8′	2438 <2438	8′ <8′	10 160	22 400

20 尺柜:内容积为 5.69m×2.13m×2.18m,配货毛重一般为 17.5t,体积为 24~26m³。

40 尺柜:内容积为 11.8m×2.13m×2.18m,配货毛重一般为 22t,体积为 54m³。

40 尺高柜:内容积为 11.8m×2.13m×2.72m,配货毛重一般为 22t,体积为 68m³。

45 尺高柜:内容积为:13.58m×2.34m×2.71m,配货毛重一般为 29t,体积为 86m³。

20 尺开顶柜:内容积为 5.89m×2.32m×2.31m,配货毛重 20t,体积 31.5m³。

40 尺开顶柜:内容积为 12.01m×2.33m×2.15m,配货毛重 30.4t,体积 65m³。

20 尺平底货柜:内容积 5.85m×2.23m×2.15m,配货毛重 23t,体积 28m³。

40 尺平底货柜:内容积 12.05m×2.12m×1.96m,配货毛重 36t,体积 50m³。

四、集装箱的计算单位

集装箱计算单位,简称:TEU,是英文 Twenty Equivalent Unit 的缩写,又称 20 英尺换算单位,是计算集装箱箱数的换算单位,也称国际标准箱单位。通常用来表示船舶装载集装箱的能力,也是集装箱和港口吞吐量的重要统计、换算单位。

目前各国大部分集装箱运输,都采用 20 英尺和 40 英尺长的两种集装箱。为使集装箱箱数计算统一化,把 20 英尺集装箱作为一个计算单位,40 英尺集装箱作为两个计算单位,以利统一计算集装箱的营运量。即:

40 ft 集装箱 = 2 TEU

30 ft 集装箱 = 1.5 TEU

20 ft 集装箱 = 1 TEU

10 ft 集装箱 = 0.5 TEU

在统计集装箱数量时有的一个术语:自然箱,也称"实物箱"。自然箱是不进行换算的实物箱,即不论是 40 英尺集装箱、30 英尺集装箱、20 英尺集装箱或 10 英尺集装箱均作为一个集装箱统计。

五、集装箱的结构

集装箱的方位性术语主要是指区分集装箱的前、后、左、右以及纵、横的方向和位置的定义。

占集装箱总数 85% 以上的通用集装箱,均一端设门,另一端是盲端。这类集装箱的方位性术语如下:

前端(Front):指没有箱门的一端。

后端(Rear):指有箱门的一端。

如集装箱两端结构相同,则应避免使用前端和后端这两个术语,若必须使用时,应依据标记、铭牌等特征加以区别。

左侧(Left):从集装箱后端向前看,左边的一侧。

右侧(Right):从集装箱后端向前看,右边的一侧。

由于集装箱在公路上运输时,有箱门的后端都必须装在拖车的后方,因此有的标准把左侧称为公路侧,右侧称为路缘侧。

路缘侧(Gurbside):当集装箱底盘车在公路上沿右侧向前行驶时,靠近路缘的一侧。

公路侧(Roadside):当集装箱底盘车在公路上沿右侧向前行驶时,靠近马路中央的一侧。

纵向(Longitudinal):指集装箱的前后方向。

横向(transverse):指集装箱的左右、与纵向垂直的方向。

集装箱由以下一些部件所构成(图1-5):

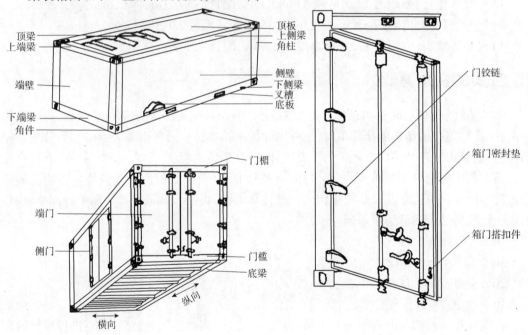

图1-5 集装箱结构图

(1)角配件;

(2)角柱;

(3)上(下)横梁;

(4)上(下)侧梁;

(5)叉槽;

(6)顶(底)板;

(7)顶(底)梁;

(8)侧(端)壁板;

(9)侧(端);

(10)门楣(槛);

(11)端(侧)门;

(12)门铰链;

(13)门把手;

(14)锁杆凸轮;

(15)把手锁件;

(16)门锁杆托架;

(17)箱门搭扣件。

六、集装箱的标记

为了方便集装箱运输管理,国际标准化组织(ISO)拟定了集装箱标志方案。根据ISO 790—73,集装箱应在规定的位置上标出以下内容:

1. 第一组标记:箱主代码、顺序号和核对数

(1)箱主代码:集装箱所有者的代码,由4位拉丁字母表示。前3位由箱主自己规定,并向国际集装箱局登记;第4位字母为U,表示海运集装箱代码。例如中国远洋运输(集团)公司的箱主代码为:COSU。

(2)顺序号:为集装箱编号,按照国家标准(GB 1836—85)的规定,用6位阿拉伯数字表示,不足6位则在有效数前以0补之。

(3)核对数:用于计算机核对箱主号与顺序号记录的正确性。核对号位于顺序号之后,用1位阿拉伯数字表示。

核对号是由箱主号的4位字母与顺序号的6位数字通过以下方式换算而得。具体换算步骤如下:

① 将表示箱主号的4位字母转化成相应的数字,字母和数字的对应关系见表1-2。

箱主号字母对应表 表1-2

字母	A	B	C	D	E	F	G	H	I	J	K	L	M
数字	10	12	13	14	15	16	17	18	19	20	21	23	24
字母	N	O	P	Q	R	S	T	U	V	W	X	Y	Z
数字	25	26	27	28	29	30	31	32	34	35	36	37	38

从表1-2中可以看出,去掉了11及其倍数的数字,这是因为后面的计算将把11作为模数。

② 将前4位字母对应的数字加上后面顺序号的数字,共10位。

例如:以中国远洋运输(集团)公司的某箱为例:箱主号与顺序号为:COSU 800121。

对应的数字是:13-26-30-32-8-0-0-1-2-1

③ 采用加权系数进行计算,计算公式为:

$$S = \sum_{i=0}^{9} C_i \times 2^i$$

式中:C_i——10个数字中第i个数字。

④将S除以模数11,即得核对号。

2.第二组标记:国籍代号、尺寸代号和类型代号

(1)国籍标记:用3位拉丁字母表示,说明集装箱的登记国。例如"RCX"为"中华人民共和国"的代号。国籍代号可以从表1-3中查得。

国 际 代 号　　　　　　　　　表1-3

国家和地区	三字母	二字母	国家和地区	三字母	二字母
澳大利亚	AUS	AUP	印度	IND	IN
奥地利	AXX	AT	印度尼西亚	RIX	ID
比利时	BXX	BE	伊朗	TRX	IR
巴西	BBX	BR	意大利	IXX	IT
加拿大	CDN	CA	爱尔兰	IRL	IE
智力	RHC	CL	以色列	ILX	IL
中国	PRC	CN	日本	JXX	JP

(2)尺寸代号:由2位阿拉伯数字组成,用于表示集装箱的尺寸大小。例如,20表示20ft长,8ft高的集装箱。集装箱的尺寸代码可以通过集装箱尺寸表查询。

(3)类型代号:由2位阿拉伯数字组成,说明集装箱的类型。例如30表示用扩散制冷剂方式的冷藏集装箱。集装箱类型代号可以从集装箱类型代号表查得。

3.第三组标记:最大总重和自重

(1)最大总重(MAX GROSS):又称额定重量,是集装箱的自重和最大允许载货量之和。最大总重单位用公斤(kg)和磅(lb)同时标出。各种类型集装箱的最大总重可参见表1-4。

各种类型集装箱最大总重表　　　　　　表1-4

箱　　型	40ft 1AA、1AI、1AX	30ft 1BB、1B、1BX	20ft 1CC、1C、1CX	10ft 1D、1DX
最大总重(kg)	30 480	25 400	24 000	10 150

(2)自重(TARE):是集装箱的空箱重量。

集装箱标记标注的位置要便于查看(图1-6),一般要求当集装箱吊离地面1.2m时,观察者站在离集装箱侧面或者端面中部3m处能看清标记。

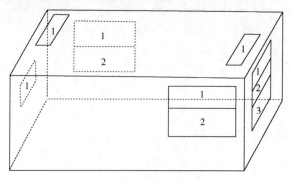

图1-6　集装箱标注标记位置

学习任务三　集装箱码头认知

知识目标

1　了解集装箱码头的基本概念及功能。
2　了解集装箱码头堆场。
3　掌握集装箱码头的布局。
4　了解集装箱码头的特点及要求。

技能目标

1　通过提出问题、布置任务，培养学生积极思考、主动学习的能力。
2　通过相关的学习能模拟集装箱码头业务的操作流程。

实训模式

1　集装箱码头认知，通过参观集装箱码头，了解集装箱码头的基本概况及特点。
2　现场教学，通过集装箱码头现场教学，加深对集装箱码头基础知识理解。

教学建议

1　建议采用课堂项目理论教学与参加现场教学相结合的教学方式。
2　现场教学，教师必须提前确定好现场教学场地，联系相关专家进行现场讲学。

[案例引入]

摘要：通过门户管理和整合企业运作流程，搭建企业级的知识积累、共享及管理平台，实现网上团队协同办公及信息发布。

项目背景：

盐田国际集装箱码头有限公司（盐田国际）是和记黄埔港和深圳盐田港集团共同合资成立的，于1994年中正式营运。主要负责经营管理盐田港区一、二和三期工程，总投资达港币138亿元，共有九个集装箱船泊位。

盐田国际集装箱码头是和记黄埔港口的成员。和记黄埔港口乃和记黄埔有限公司（和黄）全资附属公司，从事港口投资、发展与经营等业务，占全球领导地位。和记黄埔港口业务遍布亚洲、中东、非洲、欧洲及美洲19个国家，目前经营39个港口，共219个泊位，并设有多家与运输服务相关的公司。集团在管理及经营港口方面的卓越成就和效率为业内所公认。2004年，和记黄埔港口的货柜总吞吐量达4780万标箱。

项目需求：

公司现有的信息平台是基于C/S结构的，因公司业务和管理发展的需要，系统将来要实现在B/S结构的应用；完善企业现有的信息管理系统，扩展NOTUS系统功能，搭建新的以知识管理为核心的办公协作平台;以资讯部为主导,逐步推进 B/S 结构的新系统应用功能(公文流转、行政办公、知识文档);部门级的业务应用。

解决方案:提供解决方案,搭建一个协作办公平台;部门的业务应用开发。

采购部:库存配件图像查询系统。

人事部:假期申请、加班申请、零用金报销系统。

行政部:政府文件管理系统。

项目成果:系统完全基于 WEB 的技术,用户通过 IE 浏览器接入即可访问系统,真正做到随时、随地移动办公;通过门户管理和整合企业运作流程,搭建企业级的知识积累、共享及管理平台,实现网上团队协同办公及信息发布;通过行政办公管理系统来提高员工的工作效率,成为员工协同工作的窗口,实现个人日常办公事务的处理,使企业的各种资源得到最大程度的利用,使企业内部的各种信息得到快速的传递;通过知识管理信息系统的建设,整合企业的信息和知识资源,消除信息孤岛;建立知识管理系统,整合资源,共享知识复制能力。

图 1-7 集装箱码头

[知识链接]

一、集装箱码头的概念

集装箱码头是指包括港池、锚地、进港航道、泊位等水域以及货运站、堆场、港口前沿、办公生活区域等陆域范围的能够容纳完整的集装箱装卸操作过程的具有明确界限的场所。

集装箱码头是水陆联运的枢纽站,是集装箱货物在转换运输方式时的缓冲地,也是货物的交接点,因此,集装箱码头在整个集装箱运输过程中占有重要地位。

二、集装箱码头的功能

(1)集装箱码头是海运与陆运的连接点,是海陆多式联运的枢纽。

(2)集装箱码头是换装转运的中心。
(3)集装箱码头是物流链中的重要环节。

三、集装箱码头的特点

集装箱码头与普通件杂货港口相比具有如下特点:

1.港口大型化和深水化

随着集装箱运输的发展,件杂货物集装箱化的比例不断提高,集装箱运量不断上升。根据规模经济原理,船舶越大,单位成本越低。因此,为了降低集装箱船舶运输成本,各个集装箱船舶运输公司新投入使用的集装箱船舶越来越大,与此相对应的港口也越来越大。港口前沿水深不断增加,岸线泊位长度延长,堆场及整个港口的区域扩大。

2.装卸搬运机械化和高效化

由于集装箱船舶越来越大,从航次经济核算分析,允许船舶停留在港口的时间相对较短。通过缩短集装箱船舶在港口的停泊时间可以降低停泊成本,提高集装箱运输船舶的效率并充分发挥船舶单位运输成本的优势,降低全程水路运输的成本,提高经济效益。为了保证集装箱船舶在港口以最短的时间装卸完集装箱,现代集装箱专用港口一般都配备了专门化、自动化、高效率化的装卸搬运机械。

3.管理信息化和现代化

集装箱运输业务的效率来源于管理的现代化,这都以运输信息传递的便利和高速处理为基础。在集装箱码头,信息的传递来源于两个方面:一是港口、外部客户和有关部门之间的信息联系;二是港口内部的现场指挥与生产指挥中心之间的信息联系。前者采用电子数据交换技术,后者采用现场数据输入仪来降低在整个信息传递过程中的出错率。现代集装箱码头的有效运作,不仅要求员工具有较高的文化素质和熟练的技术,更重要的是先进的管理手段。国外一些先进的集装箱码头,如新加坡、鹿特丹,已经实现了堆场业务和检查作业的自动化。

4.港口投资巨大

港口大型化,装卸搬运机械自动化、专门化、高速化,管理现代化都需要有较大的投资。另外,诸如集装箱码头堆场造价也比普通件杂货港口造价高得多。这些正是目前许多大型集装箱码头都采用中外合资等形式进行招商融资建造的主要原因之一。

四、集装箱码头的要求

集装箱码头必须满足下列基本要求:

(1)具备设计船型所需的泊位、岸线及前沿水深和足够的水域,保证船舶安全靠离。

(2)具备港口前沿所需要的宽度、港口纵深及堆场面积,具有可供目前发展所需的广阔的陆域,保证集装箱堆存和堆场作业及车辆通道的需要。

(3)具备适应集装箱装卸作业、水平运输作业及堆场作业需要的各种装卸机械及设施,以实现各项作业的高效化。

(4)具有足够的集疏运能力及多渠道的集疏运系统,以保证集装箱及时集中和疏散,快速装卸船舶,防止港口堵塞。

(5)具有维修保养的设施及相应的人员,以保证正常作业的需要。

(6)集装箱码头高科技及现代化的装卸作业和管理工作,要求具有较高素质的管理人员和机械司机。

(7)为满足作业及管理的需要,应具有现代管理和作业的必需手段,采用电子计算机及数据交换系统。

五、集装箱码头的布局

集装箱码头的整个装卸作业是采用机械化、大规模生产方式进行的,要求各项作业密切配合,实现装卸工艺系统的高效化。这就要求集装箱码头上各项设施合理布置,并使它们有机地联系起来,形成一个各项作业协调一致、相互配合的有机整体,形成高效率的、完善的流水作业线,以缩短车、船、箱在港口港口的停泊时间,加速车、船、箱的周转,降低运输成本和装卸成本,实现最佳的经济效益。

图1-8为吊装式全集装箱船专用港口平面布局简图,对于集装箱专用港口,港口布置主要要求集装箱泊位岸线长为300m以上,集装箱码头陆域纵深应能满足各种设施对陆域面积的要求。由于集装箱船舶日趋大型化,载箱量越来越多,因此,陆域纵深一般为350m以上,有的集装箱码头已高达500m;港口前沿宽度一般为40m左右,取决于集装箱装卸工艺系

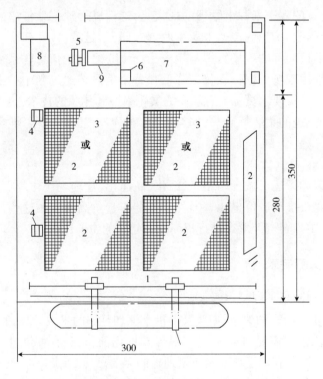

图1-8 集装箱码头标准布局(尺寸单位:m)

1-港口前沿;2-编排场;3-集装箱堆场;4-掉头区;5-大门
6-控制塔;7-拆、拼箱库;8-维修车间;9-办公楼

及集装箱岸壁起重机的参数和水平运输的机械类型;一般港口前沿不铺设铁路线,不考虑车船直取的装卸方式,以确保港口前沿船舶装卸效率不因此而受影响;每一集装箱船专用泊位,配置两台岸壁集装箱起重机。

根据集装箱码头装卸作业、业务管理的需要,集装箱码头应由以下主要设施构成:

1. 靠泊设施(Wharf)

主要由港口岸线和港口岸壁组成。港口岸线是供来港装卸的集装箱船舶停靠使用,长度根据所停靠船舶的主要技术参数及有关安全规定而定;港口岸壁一般是指集装箱船停靠时所需的系船设施,岸壁上设有系船柱,用于船靠港口时通过缆绳将船拴住,岸壁上还应设置预防碰撞装置,通常为橡胶材料制作。

2. 港口前沿(Frontier)

是指沿港口岸壁到集装箱编排场(或称编组场)之间的港口面积,设有岸边集装箱起重机及其运行轨道。港口前沿的宽度可根据岸边集装箱起重机的跨距和使用的其他装卸机械种类而定,一般为40m左右。

3. 集装箱编排(组)场(Container Marshall Yard)

又称前方堆场,是指把准备即将装船的集装箱排列待装以及为即将卸下的集装箱准备好场地和堆放的位置,通常布置在港口前沿与集装箱堆场之间,主要作用是保证船舶装卸作业快速而不间断地进行。通常在集装箱编排场上按集装箱的尺寸预先在场地上用白线或黄线画好方格即箱位,箱位上编上"箱位号",当集装箱装船时,可按照船舶的配载图找到这些待装箱的箱位号,然后有次序地进行装船。

4. 集装箱堆场(Container Yard,CY)

又称后方堆场,是指进行集装箱交接、保管重箱和安全检查的场所,有的还包括存放底盘车的场地(图1-9)。堆场面积的大小必须适应集装箱吞吐量的要求,应根据船型的装载能力及到港的船舶密度、装卸工艺系统,集装箱在堆场上的排列形式等计算、分析确定。

图1-9 集装箱堆场业务

集装箱在堆场上的排列形式一般有"纵横排列法"(即将集装箱按纵向或横向排列,此法应用较多),"人字形排列法"(即集装箱在堆场放成"人"字形,适用于底盘车装卸作业方式)。

5.集装箱货运站(Container Freight Station,CFS)

有的设在港口之内,也有的设在港口之外。货运站是拼箱货物进行拆箱和装箱,并对这些货物进行贮存、防护和收发交接的作业场所,主要任务是出口拼箱货的接收、装箱,进口拼箱货的拆箱、交货等。货运站应配备拆装箱及场地堆码用的小型装卸机械及有关设备,货运站的规模应根据拆装箱量及不平衡性综合确定。

6.控制塔(Control Tower)

是集装箱码头作业的指挥中心。主要任务是监视和指挥船舶装卸作业及堆场作业。控制塔应设在港口的最高处,以便能清楚看到港口所有集装箱的箱位及全部作业情况。

7.大门(Gate)

是集装箱码头的出入口,也是划分集装箱码头与其他部门责任的地方。所有进出集装箱码头的集装箱均在门房进行检查,办理交接手续并制作有关单据。

8.维修车间(Maintenance Shop)

是对集装箱及其专用机械进行检查、修理和保养的场所。维修车间的规模应根据集装箱的损坏率、修理的期限、港口内使用的车辆和装卸机械的种类、数量及检修内容等确定。维修车间应配备维修设备。

9.集装箱清洗场(Container Washing Station)

主要任务是对集装箱污物进行清扫、冲洗,一般设在后方并配有多种清洗设施。

10.港口办公楼(Terminal Building)

是集装箱码头行政、业务管理的大本营,目前已基本上实现了电子化管理,最终达到管理的自动化。

项目二　集装箱码头进出口业务

学习任务一　港口进口业务流程

知识目标

1. 掌握进口业务单证及其流转程序。
2. 熟练掌握集装箱码头企业的各环节操作流程。

技能目标

1. 能按进口业务单证及其流转程序完成集装箱活动。
2. 能按集装箱码头企业的各环节操作流程完成集装箱操作。

实训模式

1. 课程采用任务驱动、流程模拟、使工作岗位职责明确,变先学后练为边做边学,使学生通过工作实现学习,实操技能得到较快提高。
2. 案例分析,通过对集港口进口业务案例的分析,加深对集装箱基础知识及原理的理解。

教学建议

颠覆传统,师生角色对换,学生行为主导,自主策划并完成任务;教师引导辅助、评价学生的执行过程和结果。提高学生的参与热情高及主动性。

[案例引入]

中国某进出口公司与美国某公司谈成一笔进口业务,价格条件为"FOB 纽约每公吨 500 美元"。后中方派船去美国纽约港接货,但不见对方公司来交货,经我方催问,卖方答复他们认为 FOB 纽约只是在纽约城交货,而没有义务把货物装到港口的船上。

问:(1)美方的说法是否合理?

(2)处理此案例时应吸取什么教训?

[知识链接]

一、进口业务流程

1.提前准备工作

接到客户的全套单据后,要查清该进口货物属于哪家船公司承运、哪家作为船舶代理、在哪儿可以换到供通关用的提货单(注:全套单据包括带背书的正本提单或电放副本、装箱单、发票、合同)。

注意事项:

(1)提前与船公司或船舶代理部门联系,确定船到港时间、地点,如需转船应确认二程船名。

(2)提前与船公司或船舶代理部门确认换单费、押箱费、换单的时间。

(3)提前联系好场站确认好提箱费、掏箱费、装车费、回空费。

2.换取提货单和设备交接单

凭带背书的正本提单(如是电报放货,可带电报放货的传真件与保函)去船公司或船舶代理部门换取提货单和设备交接单。

注意事项:

①背书有两种形式,如果提单上收货人栏显示"TO ORDER"则由"SHIPPER"背书;如果收货人栏显示其真正的收货人,则需收货人背书。

②保函是由进口方出具给船舶代理的一份请求放货的书面证明。保函内容包括进口港、目的港、船名、航次、提单号、件重尺及进口方签章。

③换单时应仔细核对提单或电放副本与提货单上的集装箱箱号及封号是否一致。

④提货单共分五联,白色提货联、蓝色费用账单、红色费用账单、绿色交货记录、浅绿色交货记录。

⑤设备交接单:它是集装箱进出港区、场站时,用箱人、运箱人与管箱人或其代理人之间交接集装箱及其他机械设备的凭证,并兼管箱人发放集装箱的凭证的功能。当集装箱或机械设备在集装箱码头堆场或货运站借出或回收时,由港口堆场或货运站制作设备交接单,经双方签字后,作为两者之间设备交接的凭证。

⑥集装箱设备交接单分进场和出场两种,交接手续均在港口堆场大门口办理。出港口堆场时,港口堆场工作人员与用箱人、运箱人就设备交接单上的以下主要内容共同进行审核:用箱人名称和地址,出堆场时间与目的,集装箱箱号、规格、封志号以及是空箱还是重箱,有关机械设备的情况,正常还是异常等。

⑦进港口堆场时,港口堆场的工作人员与用箱人、运箱人就设备交接单上的下列内容共同进行审核:集装箱、机械设备归还日期、具体时间及归还时的外表状况,集装箱、机械设备归还人的名称与地址,进堆场的目的,整箱货交箱货主的名称和地址,拟装船的船次、航线、卸箱港等。

3.报关

(1)用换来的提货单(1、3)联并附上报关单据前去报关。

(2)报关单据:提货单(1、3)联海关放行后,在白联上加盖放行章,发还给进口方作为提货的凭证。正本箱单、正本发票、合同、进口报关单一式两份、正本报关委托协议书、海关监管条件所涉及的各类证件。

注意事项:

①接到客户全套单据后,应确认货物的商品编码,然后查阅海关税则,确认进口税率、确认货物需要什么监管条件,如需做各种检验,则应在报关前向有关机构报验。报验所需单

据:报验申请单、正本箱单发票、合同、进口报关单两份。

②换单时应催促船舶代理部门及时给海关传舱单,如有问题应与海关舱单室取得联系,确认舱单是否转到海关。

③当海关要求开箱查验货物时,应提前与场站取得联系,调配机力将所查箱子调至海关指定的场站(事先应与场站确认好调箱费、掏箱费)。

4.报检

(1)若是法检商品应办理验货手续。

①如需商检,则要在报关前,拿进口商检申请单(带公章)和两份报关单办理登记手续,并在报关单上盖商检登记在案章以便通关。验货手续在最终目的地办理。

②如需动植检,也要在报关前拿箱单发票合同报关单去代报验机构申请报验,在报关单上盖放行以便通关,验货手续可在通关后堆场进行。

(2)海关通关放行后应去三检大厅办理三检。

向大厅内的代理报验机构提供箱单、发票、合同报关单,由他们代理报验。报验后,可在大厅内统一窗口交费。并在白色提货单上盖三检放行章。

(3)三检手续办理后,去港池大厅交港杂费。港杂费用结清后,港方将提货联退给提货人供提货用。

5.提货

(1)所有提货手续办妥后,可通知事先联系好的堆场提货。

注意事项:

①首先应与港池调度室取得联系安排计划。

②根据提箱的多少与堆场联系足够的车辆尽可能按港方要求时间内提清,以免产生转栈堆存费用。

③提箱过程中应与堆场有关人员共同检查箱体是否有重大残破,如有,要求港方在设备交接单上签残。

(2)重箱由堆场提到场地后,应在免费期内及时掏箱以免产生滞箱。

(3)货物提清后,从场站取回设备交接单证明箱体无残损,去船公司或船舶代理部门取回押箱费。

二、集装箱进口业务及港口作业的主要单证

1.集装箱进口货运业务的主要单证

(1)相关商务资料:提单、装箱单、合同副本、信用证副本、商业发票、出口许可证等;

(2)进口货运资料:进口舱单、进口船图、装运港理货报告、集装箱清单、提单副本;

(3)到货通知:到货通知书;

(4)赎单相关资料:提单、装箱单、商业发票等;

(5)卸船理箱:进口舱单、进口船图、装运港理货报告、卸船清单、卸货港理货报告;

(6)换取提货单资料:提单、到货通知书、提货单、设备交接单;

(7)报关、报检:提货单、报关单、合同副本、信用证副本、商业发票、进口许可证等;

(8)提运重箱:提货单、设备交接单;

(9)归还空箱:设备交接单。

2.集装箱码头进口作业的主要单证

(1)进口资料预到单证:船期预报和确报、进口船图、进口舱单、装运港理货报告;

(2)进口作业计划单证:船舶计划、堆场计划、卸船顺序单;

(3)卸船理箱有关单证:卸船作业签证、卸船理货报告、进口箱动态表、进口单船小结;

(4)提运重箱有关单证:提货单、费用账单、交货记录、设备交接单、提箱凭证、发箱凭证、疏港清单、疏理凭证;

(5)归还空箱有关单证:设备交接单、收箱凭证;

(6)统计有关单证:设备交接单、进口船图、进口舱单、卸船顺序单、卸船作业签证、进口单船小结;

(7)费收有关单证:进口单船小结、卸船作业签证等;

(8)开具有关单证:费收账单、卸船作业签证等。

学习任务二　港口出口业务流程

知识目标

1　掌握出口业务程序。
2　掌握集装箱码头堆场在出口货运中的业务。

技能目标

1　能按照出口业务程序完成集装箱出口活动。
2　能按照集装箱码头堆场在出口货运中的业务完成集装箱堆场的模拟业务流程。

实训模式

1　本次学习采用任务驱动、堆场业务流程模拟,使学生的实操技能得到较快提高。
2　企业实训,了解企业的港口出口业务流程。

教学建议

1　任务训练分小组进行,形成小组竞赛。
2　对每一任务的执行情况进行考核,加强了授课中的过程监控,真正达到考核的目的。
3　联系企业联系,做好实践场地准备。

[案例引入]

中国某生产企业与泰国一家贸易公司签订合同,由中国企业向泰国公司出口一批铝制炊具。由于所需要的原材料供应不上,中国企业用库存的不锈钢材料代替铝制材料生产这种炊具,但价格不变。中国该企业认为不锈钢材料的综合性能要好于铝制材料,并且价格也高。可是,货物发到泰国以后,泰国公司拒收这批货物,并且要求索赔。

问:泰国公司拒收有理吗？为什么？

[知识链接]

一、出口业务流程

集装箱运输下,发货人的出口货运业务与普通船运输下发货人应办理的事项区别不大,但也有集装箱运输所要求的特殊事项,如货物的包装应适应集装箱运输,保证货物所需要的空集装箱,在整箱货运情况下负责货物的配箱、装箱等。发货人在集装箱出口货运中的主要业务有：

1. 订立贸易合同

作为出口方,发货人(卖方)首先必须与国外的收货人(买方)订立贸易合同。无论哪一种运输方式,其运输是建立在贸易基础上的。这一点与普通船运输的做法完全一样,但合同条件有所变化。

2. 备货

出口贸易合同订立后,发货人(卖方)应在合同规定的装运期限前全部备好出口货物,其数量、品质、包装、标志等必须符合合同条件的规定。

3. 租船订舱

在以 CIF、C&F 价格条件成交时,发货人负有租船订舱之责任。特别是在出口特殊货物需采用特殊集装箱运输时,发货人的这一责任则显得更重。由于一般集装箱船对上述特殊集装箱的装载数量有限,应尽早订舱。

4. 报关

拼箱货习惯按普通船运输的方法报关,整箱货则通常采用统一报关,因为海关人员到现场审查很方便,既可以更好的发挥集装箱运输的优越性,又可省略一些手续。

5. 货物装箱与托运

报关完毕后,在整箱货运下发货人即可安排装箱,并在装箱完毕后将货箱运至集装箱码头堆场,取得经港口堆场签署的场站收据。拼箱货经报关后运至集装箱货运站,由货站负责装箱并签署场站收据。

6. 投保

出口货物如系 CIF 价格条件成交,发货人则负责办理投保手续,并支付保险费。也可委托货运代理代投保。

7. 支付运费和签发提单

如是预付运费,发货人只要出示经港口堆场签署的场站收据,支付全部运费后,承运人或其代理人即签发提单。如是到付运费,只要出示场站收据即签发提单。此外,对签发清洁提单有异议时,发货人可向承运人出具保证书以取得清洁提单。

8. 向收货人(买方)发出装船通知

在以 FOB、C&F 价格条件成交出口贸易合同下,发货人在货物装船完毕后向收货人发出装船通知则作为合同的一项要件。如货物的丢失、损害是由于发货人在货物装船完毕后没有向收货人发出装船通知,致使收货人未能及时投保,该货物的丢失、损害则由发货人负责赔偿。

集装箱出口货运业务流程如图2-1所示。

图2-1 集装箱出口货运业务流程

二、集装箱码头堆场在出口货运中的业务

集装箱码头堆场的主要业务工作是办理集装箱的装卸、转运、装箱、拆箱、收发、交接保管、堆存、捆扎、掏载、搬运以及承揽货源等。此外,还应洽办集装箱的修理、冲洗、熏蒸和有关衡量等工作。

1. 集装箱的交接

发货人和集装箱货运站将由其或其代理人负责装载的集装箱货物运至港口堆场时,设在港口堆场大门的门卫对进场的集装箱货物核对订舱单、港口收据、装箱单、出口许可证等单据。同时,还应检查集装箱的数量、号码、铅封号码是否与场站收据记载相一致。箱子的外表状况,以及铅封有无异常情况,如发现有异常情况,门卫应在港口收据栏内注明,如异常情况严重,会影响运输的安全,则应与有关方联系后,决定是否接受这部分货物。对进场的集装箱,堆场应向发货人、运箱人出具设备收据。

2. 制定堆场作业计划

堆场作业计划是对集装箱在堆场内进行装卸、搬运、贮存、保管的安排,这是为了经济、合理地使用港口堆场和有计划地进行集装箱装卸工作而制定。堆场作业计划的主要内容有:

(1) 确定空箱、实箱的堆放位置和堆高层数;

(2) 装船的集装箱应按先后到港顺序、集装箱的种类、规格,载重的轻、重分别堆放;

(3) 同一货主的集装箱应尽量堆放在一起。

3. 集装箱的装船

为了能在最短时间内完成装船工作,港口堆场应在船舶到港受载前,根据订舱单,先后到港的卸箱顺序,制定出船舶积载图和装船计划,等船靠泊后,港口堆场根据港口收据和装箱单,按装船计划装船。装船完毕后,由船方在装箱单、港口收据、积载图上签字,作为确认货物装船的凭证。

4.对特殊集装箱的处理

(1)对堆存在场内的冷藏集装箱应及时接通电源,每天还应定时检查冷藏集装箱和冷冻机的工作状况是否正常,箱内温度是否保持在货物所需要的限度内,在装卸和出入场内时,应及时解除电源。

(2)对于危险品集装箱,应根据可暂时存放和不能存放两种情况分别处理。能暂存的货箱应堆存在有保护设施的场所,而且堆放的数量不能超出许可的限度。对于不能暂存的货箱应在装船预定时间内,进场后即装上船舶。

5.与船公司的业务关系

(1)集装箱码头应保证:

①根据船期表提供合适的泊位;

②船舶靠泊后,及时提供足够的劳力与机械设备,以保证船舶速遣;

③提供足够的场所,作为集装箱作业及堆存之用;

④适当掌握和注意船方设备,不违章操作。

(2)船公司应保证:

①向港口确保船期,在船舶到港前一定时间提出确实到港通知。如发生船期改变,则应及时通知港口;

②装船前2~10天左右提供出口货运资料,以满足堆场制定堆场计划、装船计划之需要;

③应及时提供船图,以保证正常作业。如船公司不能按时提供有关资料,则有失去靠泊的可能。

(3)船公司与港口堆场的主要业务有:

①收、发箱作业以及其附属业务;

②缮制设备收据、签署场站收据;

③装、卸箱作业,以及船边至堆场之间的搬运、整理等工作;

④缮制装、卸箱清单、积载图报送代理公司;

⑤接受装、拆箱货物的作业,缮制装箱单;

⑥有关集装箱的堆存、转运、冲洗、熏蒸、修理等事项。

三、集装箱货运站出口货运业务

集装箱货运站是集装箱运输的产物,集装箱运输的主要特点之一就是船舶在港时间短,这就要求有足够的货源一旦在卸船完毕后,即可装满船开航。集装箱货运站的主要业务就是集、散货物。

集装箱货运站有两种类型,一种叫内陆港口型,另一种叫货源集散型,集装箱货运站的主要业务有:

1.办理货物交接

在货物不足一箱时,一般都运至集装箱货运站,由集装箱货运站根据所托运的货物种类、性质、目的港,将其与其他货物一起拼装在集装箱内,并负责将已装货的集装箱运至港口堆场。集装箱货运站在根据订舱单接受前来托运的货物时,应查明这些货物是否已订舱,如货物已订舱,货运站则要求货物托运人提供港口收据、出口许可证,然后检查货物的件数是否与港口收据记载相符,货物的包装是否正常,能否适合集装箱运输。如无异常情况,货运站即在场站收据上签字,反之,则应在港口收据的备注栏内注明不正常的情况,然后再签字,如不正常的情况较严重,可能会影响以后的运输安全,则应同有关方联系决定是否接受这些货物。

2.积载装箱

集装箱货运站根据货物到站的情况,在达到一定数量后,即开始配箱、装箱,配箱时应注意:

(1)当不同货物混装在同一箱内时,则应根据货物的体积、重量、外包装的强度、货物的性质等情况,将货物区分开,包装牢固、重货装在底部,包装不牢、轻货则应装在箱子上部;

(2)货物在箱内的重量分布应均衡,如箱子某一部位的负荷过重,则有可能使箱子底部发生弯曲或有脱开的危险;应根据货物的包装强度,决定堆码的层数;

(3)货物与货物之间,应加隔板或隔垫器材,避免货物相互擦伤、沾湿、污损;

(4)应根据货物的不同种类、性质、包装,选用不同规格的集装箱。

货物装箱时应注意:

①货物的装载应严密整齐,货物之间不留有空隙,这样不仅可充分利用箱内容积,也可防止货物相互碰撞而造成损害;

②应使用清洁、干燥的垫料(胶合板、草席、缓冲器材、隔垫板),如使用易于潮湿的物料,则易发生货损事故;

③在装箱完毕后,应采取必要的措施,防止箱口附近的货物倒塌;

④对装载的货物应安全系牢,防止运输中摇晃、紧急制动、碰撞时的货损事故发生。

3.制作装箱单

集装箱货运站在进行货物装箱时,应制作集装箱装箱单,制作时必须准确、清楚。

4.将装载的货箱运至港口堆场

货物装箱完毕后,集装箱货运站在海关监督之下加海关封志,并签发场站收据。同时,应尽快与港口堆场取得联系,将已装货的集装箱运至港口堆场。

拼箱业务:

(1)货主提供的单证

①出口委托书

②出口货物明细单

③装箱单

④发票

⑤出口许可证

⑥出口收汇核销单、退税单

⑦报关手册

(2)货代负责的单证

出口十联单：

第一联：集装箱货物托运单(货主留底)(B/N)

第二联：集装箱货物托运单(船代留底)

第三联：运费通知(1)

第四联：运费通知(2)

第五联：场站收据(装货单)(S/O)

第五联副本：缴纳出口货物港务费申请书

第六联：大副联(场站收据副本)

第七联：场站收据(D/R)

第八联：货代留底

第九联：配舱回单(1)

第十联：配舱回单(2)

(3)提单(正本/副本)(B/L ORIGINAL/COPY)

①分提单(HOUSE B/L)

②总提单(OCEAN B/L)

③海运单(SEA WAYBILL)

④出口货物报关单证

必要单证：

报关单、外汇核销单、装货单、装箱单、发票、合同、信用证副本。

其他单证：

出口许可证、免税手册、商检证明、产地证明等。

⑤货物报关清单

⑥进舱通知

⑦集拼货预配清单

⑧装箱单(CLP)

⑨集装箱发放/设备交接单进场/出场(EIR IN/OUT)

项目三　集装箱码头装卸工艺认知

学习任务一　集装箱码头设施与设备认知

知识目标

1　了解集装箱码头概况。
2　了解港口装卸、搬运设施与设备。

技能目标

1　通过提出问题、布置任务,培养学生积极思考、主动学习的能力。
2　能够通过学习进行港口装卸、搬运活动。

实训模式

1　专题讲座,带学生去集装箱码头,请专家介绍港口装卸工艺及设施设备。
2　案例分析,通过对集装箱案例的分析,加深对集装箱基础知识及原理的理解。

教学建议

1　任务训练分小组进行,形成小组竞赛。
2　部分训练需要在实际企业进行,教师必须提前确定好实训场地,联系相关专家。
3　本次学习的任务是掌握集装箱码头的装卸工艺及设施设备,通过任务驱动、流程模拟,使学生明确港口装卸工作岗位的职责,实操技能得到较快提高。

[案例引入]

案例背景:珠海市香洲港务总公司为全资国有企业,拥有香洲、桂山和唐家三个作业区。香洲港是国家二类口岸,坐落于有珠海象征之称的情侣路北端,北衔珠海高新区,具有广阔的货源腹地。

香洲港位于珠海市香洲区的东部,紧靠东西横穿珠海市区的梅华路及京珠高速伸延线、港湾大道。水陆路网络四通八达,水路东距香港 36n mile、蛇口 28n mile、北距南沙 32n mile。陆路北接京珠高速、西部沿海高速,货物可快速运抵中山、广州、深圳、江门等珠三角城市。

香洲港作业区占地 3 万平方米,港口岸线长 200m,可停靠 500~1500 吨级的散货及集装箱船只,港口现有内外贸生产泊位四个,配备 3t、35t、45t 旋转式固定吊机 4 台,配合 35t 重箱堆高机、16t 空箱堆高机、40t 轨道式龙门吊和叉车等装卸配套机械设备,能高效地处理集装箱、散杂货物进出口货物,具备年处理5万个标准箱,重件和散杂货50万吨的能力。

香洲港一贯以"顾客至上,服务第一"的宗旨服务客户,港口与船务公司建立良好的战略合作关系,一切以客户"便利、快捷"为本,无论从水陆路运输还是港口操作都能最大限度地保质保量满足客户需要。此外,香洲港作为国家二类口岸免除了一类口岸外代、外理等烦琐手续,港口、船公司收费实惠、灵活。港口在驻香洲口岸各联检单位的支持下,货物进出口的通关速度快、效率高。

[知识链接]

一、集装箱吊具

1. 集装箱简易起吊方法

当在非集装箱专用港口上装卸集装箱时,可以采用钢丝绳用吊钩起吊(图3-1)。

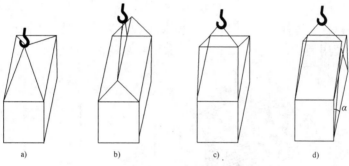

图3-1 集装箱简易起吊方法

图3-1a)、b)、c)三种方式由于受力状态不好,一般只适用于轻箱、小箱。图3-1d)使用的方法在起吊大箱时,对夹角α_{min}的要求见表3-1。

表3-1

箱　型	1AA、1A	1BB、1B	1CC、1C	1DD、1D
α_{min}	30°	37°	45°	60°

2. 集装箱专用吊具

集装箱专用吊具(Spreader)是用于起吊集装箱的属具,主要有3种类型:固定式、组合式和自动式。

(1)固定式吊具:是一种只能起吊一种集装箱的吊具(图3-2),其特点是结构简单、自重轻,价格便宜,但是对箱体类型的适应性较差。更换吊具往往要占用较多时间。

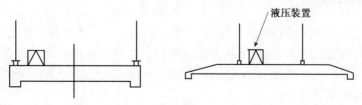

图3-2 固定式吊具

(2)组合式吊具:将起吊不同尺寸的集装箱的吊具组合使用的一种集装箱专用吊具(图3-3)。其特点是结构简单,自重较自动式要小(一般为4~7t)这种吊具多用于跨运车和正面吊上。

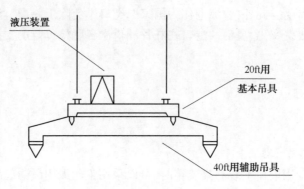

图3-3 组合式吊具

(3)自动式吊具:通过伸缩臂,可以改变吊具的臂长,以达到起吊不同尺寸集装箱的要求(图3-4)。特点:使用灵活,自重较大,9~10t。集装箱装卸桥广泛使用。

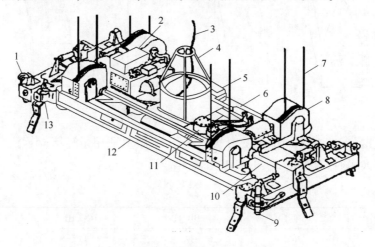

图3-4 自动式吊具
1-导辊;2-液压装置;3-电缆;4-电缆笼;5-灯座;6-指示灯;7-提升钢丝绳;
8-提升滑轮组;9-扭锁;10-伸缩液压缸;11-插座;12-吊具框架;13-导手驱动装置

(4)双箱吊具:用一个集装箱吊具可同时起吊两个20ft的集装箱的一种专用吊具,双箱起吊方法可以大大提高船舶的装卸效率(图3-5)。

二、集装箱装卸船机械

集装箱的标准化和集装箱船的专用化,为港口装卸机械高效化提供了良好条件。

在现代化的集装箱码头上,目前从事港口前沿集装箱起落舱作业的设备普遍采用的是岸壁式集装箱装卸桥(Ship-to-shore crane)来装卸集装箱船舶(图3-6)。岸壁集装箱装卸桥简称集装箱装卸桥或装卸桥。

根据世界集装箱码头营运经验,一般情况下一个集装箱泊位平均可配备装卸桥1~3台。

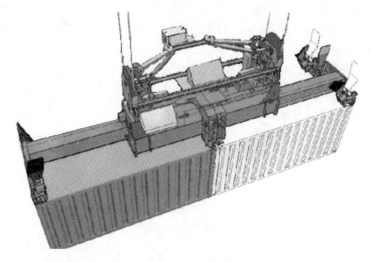

图 3-5 双箱吊具

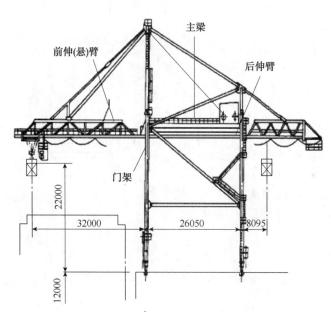

图 3-6 岸壁式集装箱装卸桥

集装箱装卸桥有关参数的确定可作如下考虑。

1. 起重量

它是表示集装箱装卸桥能力的指标,根据额定起重量和吊具重量确定:

$$Q = Q_1 + W$$

式中：Q——岸壁集装箱装卸桥的起重量(t);

Q_1——额定起重量(t);

W——吊具重量(t)。

集装箱最大总重量为 30.5t。集装箱装卸桥的起重量是指额定起重量加集装箱吊具的重量。由于集装箱装卸桥的吊具种类繁多,重量不一,并且受作业条件的影响,世界各国集装箱装卸桥的起重量并不一致。确定集装箱装卸桥起重量一般要考虑以下作业条件。

（1）起吊集装箱船舱盖板的需要。舱盖板的重量一般不超过28t，但个别的舱盖板有重达35.6t的，其尺寸为14m×14m。

（2）考虑装卸非国际标准的需要。非国际标准集装箱的最大总重量可达38t，甚至更大。

（3）考虑有可能采用同时起吊两个20ft型集装箱的作业方式。两个20ft型的集装箱最大总重为40.6t。

（4）兼顾装卸其他重大件货的需要。

2.尺寸参数

集装箱装卸桥的尺寸参数的确定于所装卸的集装箱船型和箱型、港口作业条件，以及堆场作业方式有关（图3-7）。

（1）起升高度

集装箱装卸桥的起升高度由两部分组成：轨顶面以上的高度和轨顶面以下的高度。它取决于集装箱船的型深、吃水、潮差、甲板面上装载集装箱层数、港口标高以及船体倾斜等因素。

运行轨道面以上的高度，是指装卸桥吊具上升到最高时，吊具抓取的集装箱面与运行轨道面之间的垂直距离。轻载高水位时该高度最大。

运行轨道面以下的高度，是指装卸桥运行轨道面往下，至吊具能抓取舱底最下一层集装箱之间的垂直距离。满载低水位时该高度最大。

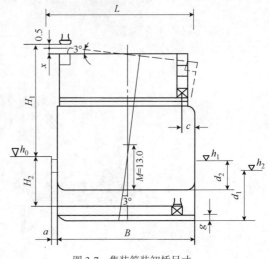

图3-7　集装箱装卸桥尺寸

（2）外伸距

外伸距是指集装箱装卸桥海侧轨道中心线向外至集装箱吊具铅垂中心线之间的最大水平距离。

外伸距主要取决于到港集装箱船的船宽，并考虑在甲板上允许堆放集装箱的最大高度，当船舶向外横倾3°时，仍能起吊甲板上外舷侧最上层的集装箱。

（3）内伸距

内伸距是指集装箱装卸桥内侧轨道中心线向内至吊具铅垂中心线之间的最大水平距离。

确定内伸距主要考虑两个问题：

①放置集装箱。即当港口前沿搬运机械（如跨运车、底盘车等）不能及时搬运时内伸距可把箱子暂放在港口上，起缓冲作用；

②放置舱盖板。在确定内伸距距离时，还应注意以下不同的供电方式需要占用的距离：

a.电缆卷筒供电方式，可取7.0~7.5m。

b.地沟滑线供电方式,可取 7.0~7.5m。

c.立柱滑线供电方式,可取 11m。

当考虑能安放长度为 14m 的集装箱船的最大舱盖板时,内伸距应为 11m(图 3-8a)。放置集装箱时,如以跨运车搬运。若跨运车总宽度为 4.7m,当需满足 2 个集装箱同时搬运时,其内伸距需取 11m(图 3-8b)。

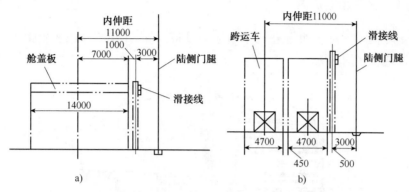

图 3-8 装卸桥内伸距布置(尺寸单位:mm)

(4)轨距(又名跨距)

轨距是指起重机两条行走轨道中心线之间的水平距离。轨距的大小影响到装卸桥的整机稳定性。考虑到装卸桥的稳定性和为了更有效地疏运岸边的集装箱,轨距内最好能安排 3 条接运线。则其轨距应约为 16m。

(5)横梁下的净空高度

该净空高度是指横梁下面到轨顶面之间的垂直距离。该高度应保证能堆装 3 层的跨运车通行。

(6)基距

基距是指同一轨道上两个主支承中心线之间的距离。基距的尺寸应保证装卸桥框架内的有效宽度能通过 40ft 的集装箱和舱盖板。

3.工作速度的选择

集装箱装卸桥工作速度的选择应根据下列原则,进行技术经济比较确定。

(1)应满足整个集装箱码头工艺效率的要求。系统中搬运机械的能力应根据与集装箱装卸桥的能力相应的原则选定。

(2)对各机构的工作速度进行合理的分配。根据设计要求的生产率,求出装卸工作周期,然后再对各个机构的工作速度进行合理的分配。

(3)工作速度的提高应与相应的技术措施结合。集装箱装卸桥的小车行驶速度的提高,会增加吊具的摆动,引起对中集装箱困难,增加对中时间。因此,只有在采取减摇装置等技术措施条件下,提高工作速度才会取得良好的效果。

(4)与工作速度有关的动力设备选型应考虑便于维修。选用的机电设备及其配件应尽可能与港口其他起重搬运机械的通用,以便于维修。

①起升速度 通常设计两种速度:

a.满载起升速度:70~160m/min;

  b.空载起升速度:160~180m/min。
  ②小车行驶速度:120~220m/min。
  ③大车行驶速度:20~45m/min。
  ④臂架俯仰时间:一个工作周期约8min。

三、集装箱水平运输机械

  除了在堆场可使用的一些兼作水平搬运的设备以外,在集装箱码头最常用的水平搬运设备是牵引车挂车(图3-9)。

图3-9 牵引车挂车

  挂车按挂车与牵引汽车的连接方式分为全挂车和半挂车。全挂车由牵引车牵引且其全部质量由本身承受的挂车;半挂车由牵引车牵引且其部分质量由牵引车承受的挂车。

四、集装箱堆场作业机械

  集装箱堆场作业的机械主要有底盘车、跨运车、叉车、轮胎式龙门起重机、轨道式龙门起重机以及正面吊等,其中一些机械类型可同时用于车辆的装卸作业。

  1.底盘车(Chassis)

  底盘车方式(Chassis System)又称"海陆公司方式"(Sea-Land System),它是由陆上拖车运输发展起来的。而集装箱堆场上采用的底盘车堆存方式是将集装箱连同运输集装箱的底盘车一起存放在堆场上(图3-10)。

  因此,底盘车方式比较适合于门一门的运输方式,特别是海运部门承担的是短途运输(如海峡运输等),也是一种集疏运效率较高的港口堆场作业方式。

  采用底盘车方式有如下优点:

  (1)除铁路换装作业外,港口上所有作业只使用结构简单的底盘车,不需要其他辅助机械,因此装卸过程中发生机械故障而影响装卸作业的可能性很小;

  (2)由于底盘车不能重叠堆装,集装箱处于能随时提取的状态中,实现"门到门"运输十分方便;

  (3)便于装卸桥实现往复装载式的作业方法;

  (4)在装卸船舶时,港口上只需要使用场地牵引车就可以了,不需要其他搬运设备,故对场地结构的要求低,一般考虑轮压时以6t计。对各种地面的适应性较强;

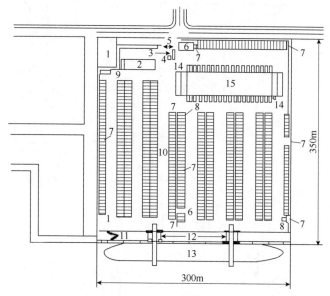

图 3-10 底盘车堆存方式

1-综合配电室;2-维修车间;3-地秤;4-门卫室;5-大门;6-管理室;7-照明灯;8-变电所;9-配电所;10-冷藏集装箱堆场(80个);11-岸壁式集装箱装卸桥轨道;12-岸壁式集装箱装卸桥;13-全集装箱船;14-照明灯;15-集装箱货运站 4800m²

(5)即使集装箱场的位设离港口前沿很远,也不会影响集装箱船的装卸效率;

(6)装卸船作业时,港口上不需要有作业人员协助;

(7)吊箱次数少,集装箱损坏率低;

(8)便于与货主交接,减少交接时的差错。

这种方式的缺点是:

(1)全部集装箱都放置在底盘车上,不能堆装,故需要巨大的场地面积;

(2)每一个集装箱需要一台底盘车,故需要备有大量的底盘车,因此初始投资费用极高;

(3)作业时一般内陆运输入直接把车辆拖进场地内,如场上发生事故时有时难于明确事故责任;

(4)如果一个港口上有两个以上的船公司使用时,各公司所提供的底盘车混杂在一起,在业务上将产生困难;

(5)每个集装箱用装卸桥卸到底盘车上时,都需要对位,故装卸桥的作业效率不高。

布置底盘车时,底盘车尾部应相对放置,其间距约为 1.22m;主通道应相距 19~20m;场地的纵深度可考虑 118~245m,如图 3-11 所示。如果堆场的底盘车采用斜线布置,可以减少对通道的宽度要求,进而提高堆场的利用率。

2.跨运车(Straddle Carrier)

跨运车方式(Straddle Carrier System)又称"麦逊公司方式"(Matson System),是一种具有搬运、堆垛、换装等多功能的集装箱专用机械。跨运车采用旋锁机构与集装箱接合或脱开;吊具能够升降,以适应装卸和堆码集装箱的需要。吊具也能侧移、倾斜和微动以满足对位的需要(图 3-12)。

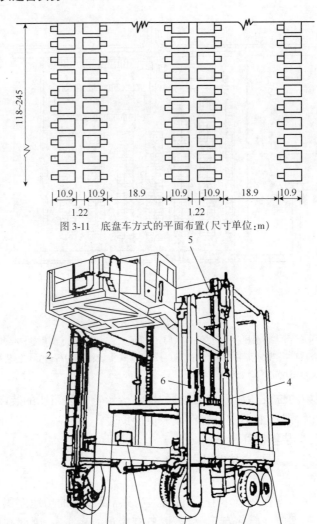

图3-11 底盘车方式的平面布置(尺寸单位:m)

图3-12 跨运车外型结构示意图

1-底架;2-平台;3-集装箱吊具;4-升降油缸;5-起升链;6-驱动链;
7-驱动轮;8-从动轮;9-转向装置;10-制动器;11-燃油缸;12-保持水平装置

3.集装箱叉车(Container Forklift)

集装箱叉车(又称叉式装卸车)是集装箱码头上常用的一种装卸机械(图3-13),主要用于吞吐量不大的综合性港口上集装箱的装卸、堆垛、短距离的搬运和车辆的装卸作业,也有用于大型集装箱码头堆场的辅助作业,它是一种多功能的机械。

其性能应符合下列作业需要:

(1)起重量应保证能装卸作业所需的各种箱型;

(2)起升高度应符合堆垛层数的需要;

(3)负荷中心(货叉前壁至货物重心之间的距离)取集装箱宽度的1/2,即1220mm;

(4)为适应装卸集装箱的需要,除采用标准货叉外,还应备有顶部起吊的专用吊具;

(5)为便于对准箱位,货架应能侧移和左右摆动。

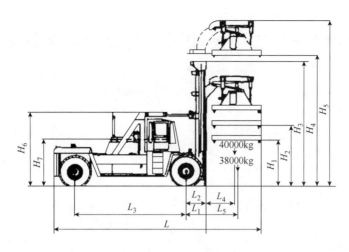

图 3-13　集装箱叉车外型图

叉车搬运集装箱可以采用以下两种方式：

(1)吊运方式：即采用顶部起吊的专用吊具吊运集装箱；

(2)叉运方式：利用集装箱底部的叉孔用货叉起运，一般这种方式主要是搬运 20ft 的集装箱或空箱。

4. 正面吊 (Front-handing Mobile Crane)

正面吊是一种目前在集装箱码头堆场上得到越来越频繁使用的专用机械，其外型结构如图 3-14 所示。

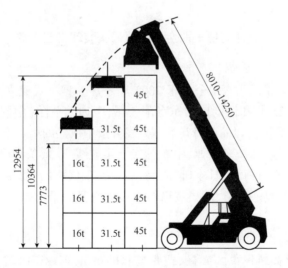

图 3-14　正面吊外型图

虽然这种集装箱堆存设备由于运行方向与作业方向垂直而需要占据较宽的通道，但是它的堆箱层数较高，并且可以为多排集装箱作业。设备的灵活性又较强，因此普遍较受欢迎。采用正面吊可以堆存 3~4 层重箱，或 7~9 层的空箱。因此，堆箱场地的利用率较高。目前，正面吊主要还是作为集装箱堆场的辅助作业机械，但是确实是一种很有前景的集装箱装卸的专用设备。

学习任务二 集装箱码头装卸工艺认知

知识目标

了解集装箱码头装卸工艺类型。

技能目标

能够通过学习进行港口装卸活动。

实训模式

案例分析,通过对集装箱案例的分析,加深对集装箱基础知识及原理的理解。

教学建议

1 学习的内容是工作,课程采用任务驱动、流程模拟,使工作岗位职责明确,变先学后练为边做边学,使学生通过工作实现学习,实操技能得到较快提高。

2 对每一任务的执行情况进行考核,加强了授课中的过程监控,真正达到考核的目的。

[案例引入]

上海外高桥一期全集装箱码头装卸工艺系统

港口概况:

上海浦东国际集装箱码头有限公司于 2003 年 3 月 1 日正式成立。合资方为上海国际港务(集团)股份有限公司、和记港口浦东有限公司、中远太平洋(中国)投资有限公司和中远港口(浦东)有限公司。公司的前身是浦东开发开放中成立的第一家集装箱装卸单位。目前,有通往美洲、欧洲、地中海、东南亚、中东等集装箱航线 30 余条和国内支线若干条,世界著名船公司美国总统、东方海外、日本邮船、赫伯罗特、现代商船、商船三井等在公司有定期班轮航线。其中,目前世界上最大的集装箱船之一赫伯罗特船公司"科伦坡快航"轮顺利挂靠公司港口。

自然条件:

位于长江南岸、外高桥保税区 A 区,西距吴淞口 6km,东距东海约 85km,毗邻上海外环线、沪崇苏越江高速通道,集疏运条件极其优越。港口岸线 900m,拥有三个全集装箱泊位,港址处长江主航道,前沿水深-12m,可停靠第五、六代集装箱船。陆域面积 50 万平方米,后方纵深 550m,平面集装箱位 8200 余只,其中近 800 只冷藏箱位。

机械配备:

拥有 11 台大型岸边集装箱起重机,最大负荷量达 60t,最大跨度为 55m,可操作第五、六代专用集装箱船舶;堆场配有负荷量 35~40t 的轮胎龙门吊 42 台,可进行"堆五过六"堆箱作业;集装箱卡车、集装箱叉车、集装箱堆高机、专用挂车等各类水平机械150余台。

工艺流程：

如图 3-15 所示。

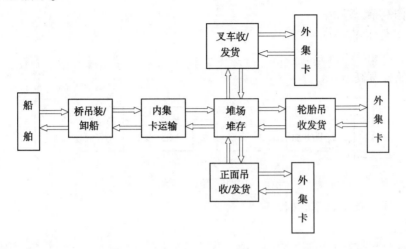

图 3-15　工艺流程图

[知识链接]

集装箱码头装卸工艺类型如下：

1.底盘车系统(图 3-16)

主要优点：

(1)环节少,可直接陆运。

(2)轮压小。

(3)组织简单,人员要求低。

(4)无需复杂设备。

主要缺点：

(1)占地大,场地利用率低。

(2)底盘车用量大。

(3)不易实现自动化。

(4)维修保养频繁。

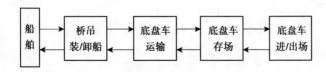

图 3-16　底盘车系统

2.跨运车系统(图 3-17)

主要优点：

(1)一机多能,环节减少。

(2)机动灵活,效率提升。

(3)便于平衡进度。
(4)堆场利用率高。

主要缺点:

(1)结构复杂,故障率高。
(2)车体大,操作需助手。
(3)场地翻箱堆垛困难。
(4)初始投资高。

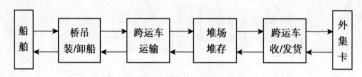

图 3-17　跨运车系统

3.轮胎式龙门起重机系统(图 3-18)

主要优点:

(1)场地利用率高。
(2)堆场铺面费用小。
(3)设备简单,操作要求低。
(4)集装箱损坏率低。
(5)占用通道小,可跨箱区。
(6)易于实现自动化。

主要缺点:

(1)跨箱区作业较耗时。
(2)倒垛率较高。
(3)需配备集卡,环节多。
(4)初始投资较高。
(5)能耗较高。

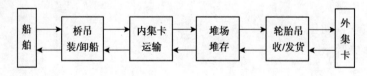

图 3-18　轮胎式龙门起重机系统

4.轨道式龙门起重机系统(图 3-19)

主要优点:

(1)场地利用率高。
(2)结构简单,可靠性高。
(3)维修方便,费用低廉。
(4)电力驱动,节省能源。
(5)易于实现自动化。

主要缺点：

(1) 机动性差。

(2) 提箱、倒箱困难。

(3) 初始投资大。

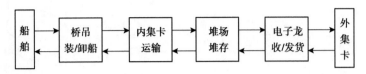

图 3-19　轨道式龙门起重机系统

5. 叉车系统(图 3-20)

主要优点：

(1) 通用性强，可充分利用。

(2) 技术简单，人员要求低。

(3) 价格便宜，成本低。

主要缺点：

(1) 单机效率低。

(2) 轮压大，增加场地成本。

(3) 通道要求，场地利用率低。

(4) 装卸对位困难。

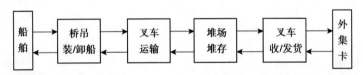

图 3-20　叉车系统

6. 正面吊系统(图 3-21)

主要优点：

(1) 机多能，环节减少。

(2) 组织简单，人员要求低。

(3) 无需复杂设备。

(4) 加装其他吊具后，适用面广。

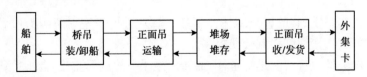

图 3-21　正面吊系统

主要缺点：

(1) 单机效率低。

（2）轮压大，增加场地成本。
（3）通道要求，场地利用率低。

7.跨运车—龙门吊混合系统

如图 3-22 所示。

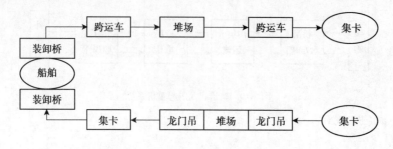

图 3-22　跨运车—龙门吊混合系统

学习任务三　新型集装箱码头装卸工艺

知识目标

1　了解新型自动化集装箱码头装卸设备。
2　了解新型自动化集装箱码头装卸工艺系统。
3　了解新型立库式集装箱堆场。

技能目标

能够通过学习进行简单的港口装卸活动。

实训模式

1　运用实训软件进行项目实训，通过实训加深对集装箱装卸工艺知识及原理的理解。
2　亲临港口，了解港口装卸工艺。

教学建议

1　学习的内容是实训，课程采用任务驱动、流程模拟，变先学后练为边做边学，使学生通过实训实现学习，实操技能得到较快提高。
2　对每一任务的执行情况进行考核，加强了授课中的过程监控，真正达到考核的目的。

[案例引入]

上海振华港机集团成功开发的双 40 英尺新型高效岸桥可同时起吊 2 个 40 英尺或 4 个 20 英尺箱（图 3-23）。这种新型的双 40 英尺岸桥可使单台设备的装卸效率在原来的基础上提高 50% 以上，外高桥五期工程已成功开发和应用了世界上第 1 台双 40 英尺岸桥。

图 3-23 超巴拿马型新型高效岸桥

继双 40 英尺岸桥之后,上海振华港机集团又开发了双 40 英尺双小车岸桥,该岸桥综合了双 40 英尺和双小车岸桥的优点,同时克服了二者的不足。理论上这种新型的双 40 英尺双小车岸桥装卸效率可达到每小时 90~100 个自然箱。

[知识链接]

一、新型自动化集装箱码头装卸设备

自动化港口装卸设备参数见表 3-2。

表 3-2

起重量	双吊具		80t
	单吊具		65t
主小车	起升速度	满载	90m/min
		空载	180m/min
	小车运行速度		240m/min
后小车	起升速度	满载	50m/min
		空载	100m/min
	小车运行速度		240m/min
起升高度	主小车		41m 以上
	后小车		15m
最大外伸距			63m 以上
后伸距			19m
轨距			35m

二、新型自动化集装箱码头装卸工艺系统

1. 简介

基于自动化仓储技术的新型自动化集装箱装卸工艺主要由两个部分组成,新型岸桥和新型立库式集装箱堆场。

2. 新型岸桥

它与以往的设计不同点在于它有3个小车,其中陆侧小车和海侧小车都有吊具和升降机构。它是在40英尺常规岸桥基础上,再配置一个陆侧小车和一个转运小车。两个起重小车都安装在主梁轨道上,与原起重小车共用轨道,海侧小车位于岸桥主梁前端,陆侧小车位于主梁后端;转运小车轨道设置在主梁的外侧,与原轨道平行,转运小车悬挂在外侧轨道上,位于两个起重小车之间。两个起重小车都只负责垂直方向起吊集装箱,集装箱在两个起重小车之间的水平运输由转运小车完成,陆侧小车根据不同的装卸需要设定在某一个固定位置,在一段时间内可不进行水平运动,海侧小车可以进行水平和垂直运动,以保证效率最高。新增加的转运小车由行走机构和载运机构组成,载运机构用来中转海侧小车和陆侧小车抓取的集装箱,转运小车通过行走机构能在轨道上作简单的水平运动(图3-24)。

3. 新型立库式集装箱堆场(自动化立体仓储)

(1)自动化集装箱堆场主要设施

①自动仓储设备,自动化立体仓库。

②各种输送机、梭车、升降机、堆垛机等。

③信息检测传递系统。

(2)作业流程

作业时(以卸船为例,装船为其逆过程),岸桥的海侧小车从船上吊取集装箱,转运小车运动到海侧小车的正下方,然后海侧小车将集装箱直接放到转运小车上,之后再去吊取下一个集装箱;转运小车将集装箱运送到横梁后方的陆侧小车正下方,陆侧小车将集装箱吊起后,转运小车返回海侧小车处,等待运送下一个集装箱,同时,陆侧小车将集装箱放到位于岸桥下方的转运平台上,完成一次卸箱作业。如图3-25所示,当龙门吊将集装箱从船(或火车)上卸下,放到对应的转运平台上后,转运平台将对集装箱标签信息进行读取,然后将信息传送到调度中心。调度中心将已分配好的货格位信息发送给回转平台,回转平台将集装箱分配至离目的室最近的梭车,梭车接收信息后将集装箱运送到指定出入口时,起升机构将集装箱提升到指定层位,然后位于立库内的梭车将集装箱运送到指定货位。这就是集装箱入库的流程,反之则为出库流程。

图3-24 珠海港和黄港口新型岸桥

图3-25 新型立库式集装箱堆场

项目四　集装箱码头闸口业务操作

学习任务一　集装箱码头闸口操作

知识目标

1　了解集装箱码头闸口。
2　掌握集装箱码头闸口业务。
3　掌握集装箱码头闸口的操作。

技能目标

1　通过提出问题、布置任务，培养学生积极思考、主动学习的能力。
2　能够运用理论知识进行港口闸口的业务操作。
3　能在现有港口闸口业务模式基础进行业务创新。

实训模式

1　颠覆传统，师生角色对换，学生行为主导，自主策划并完成任务；教师引导辅助、评价学生的执行过程和结果。提高学生的参与热情高及主动性。
2　案例分析，通过对集装箱案例的分析，加深对集装箱基础知识及原理的理解建议采用讲授与案例分析、情境模拟相结合的教学方式。

教学建议

1　任务训练分小组进行，形成小组竞赛。
2　部分训练需要在实际企业进行，教师必须提前确定好实训场地，联系相关专家。
3　学习的内容是工作，课程采用任务驱动、流程模拟，使工作岗位职责明确，变先学后练为边做边学，使学生通过工作实现学习，实操技能得到较快提高。

[案例引入]

国际集装箱码头基于 RFID 智能闸口的成功案例

摘要：中科万通基于 RFID 的智能闸口项目在北仑港第一、第二、第三国际集装箱码头，镇海港口，大榭国际招商港口的成功实施案例。项目涉及的 RFID 远距离读写器、发卡器、陶瓷防拆电子标签和 PVC。

关键词:RFID 港口;港口电子车牌;箱号识别;箱体验残;人机交互;智能闸口

由中科万通负责实施的宁波北仑港第一、第二、第三国际集装箱码头,镇海港口,大榭国际招商港口智能闸口项目,包括了电子车牌识别、集装箱箱号识别、集装箱箱体验残、闸口人机交互系统等多个功能。

电子车牌通过发卡管理系统事先写入了该车辆的基本信息,如车辆 ID、车牌号、车重等。并将 RFID 电子车牌安装在所有进出港口闸口的车辆上,此时车辆拥有了独一无二的身份证。在所有需要识别电子车牌的闸口、道路等场所安装识别系统。识别系统全天候运行,当安装有电子车牌的车辆进入识别区域,识别天线就能够捕获电子车牌内的相关信息,并实时发送至后台,帮助后台做进一步的处理。

集装箱箱号作为唯一标识集装箱的 ID 符号,在集装箱运输过程中的各个环节都需要被记录。本系统通过基于神经网络算法的图像识别技术和先进的 CCD 图像采集技术,自动捕获进出港的各类集装箱箱号,并快速地进行自动识别,杜绝了因人工抄录引起的错误,减少了进港时间,提高了工作效率。

集装箱箱体残损检测是集装箱进入港区港口内不可避免的一项检验工作,主要防止运输企业和港口因箱体破损引起的纠纷。以往这项工作是由进港闸口工作人员进入道口人工记录,并需要攀爬较高的廊桥检查箱体顶面,存在危险性大、处理不准确的问题。本系统通过先进的逻辑控制系统和图片采集系统,将箱面影像呈现在计算机屏幕前,验残员只要在计算机前就可完成残损检测。

驾驶员将集卡车开至港口闸口后,需要等待电子车牌识别、集装箱号识别、验残等多个数据自动采集的过程,并把手头的预约单提交到闸口系统,以往这个工作有闸口房内的工作人员录入,而使用人机交互系统后,预约单可自动扫描信息进入闸口系统,并将港口系统反馈的行车指南打印成小票发给司机。

这一系列的信息化措施,使集卡车通关速度由之前的 5 分钟减少到 30 秒,大大提高了集卡车通关效率和港口的吞吐量。由于电子车牌为防拆卸电子标签,所以无关和非法车辆无法进入港区,具有防反潜功能,保证了一车一卡,杜绝冒名顶替和套牌车的出现。

[知识链接]

港口闸口是集装箱码头物流系统的重要组成部分,特别是对闸口进出型港口而言,闸口的布局、通过能力及通过效率直接影响港口物流系统的作业能力和作业效率。随着集装箱吞吐量的不断增长,港口闸口的优化配置已成为业内共同关注的重要问题。但优化闸口的同时,更应关注集装港口闸口的业务操作。

一、集装箱码头闸口的认知

(一)集装箱码头闸口的定义

集装箱码头闸口,有的港口称为检查桥,是进出口集装箱和各种运输机械的出入口,是区分港口内外责任和交接相关资料的地点(图 4-1)。

集装箱码头闸口业务操作 项目四

图 4-1　集装箱码头闸口

(二)集装箱码头闸口的设置要求

(1)集装箱码头闸口,一般设在面向公路、背靠港池的适当地点。

(2)闸口建筑结构,一般是钢结构框架两层通道式建筑,下层设有闸口工作人员工作室若干间,上层为通道式走廊,便于闸口人员从地面、空中实施箱体检查。

(3)闸口建筑应符合国家标准,上方应安装电子显示屏和其他标识牌,为公路集疏港车辆及时提供有关进港装卸箱信息。

(4)为方便进出港区车辆和作业机械通行,闸口跨度(即设置几条通道)应视港区的地域条件而决定。考虑因素包括:进、出港通道,超高箱和港口装卸机械通道,港口工作人员通道。

(5)闸口面向公路一侧门前,应建有一定面积较为宽敞并与公路网相连的场地,作为进港集卡车辆等候、箱体检查、办理交接手续的停车场所。

(6)进港通道上应装有先进的地衡设施,以便随时对集装箱实施计量。

(7)设有电子计算机终端并与业务主管部门联网。闸口设置的要求是办理集装箱进出口的手续方便、高效、安全、畅通无阻。

二、集装箱码头闸口业务

(一)集装箱码头闸口主要业务

集装箱码头闸口作业流程示意图如图 4-2 所示。

集装箱码头闸口业务主要包括箱体检查、重箱进场、空箱进场、重箱出场、空箱出场、单证审核与整理、场地核箱、特种箱操作等,其操作系统见图 4-3。

1.箱体检查

检查桥的验箱员应和集卡车司机一起,对所有进出港区的集装箱进行箱体检查,并做好相关记录。

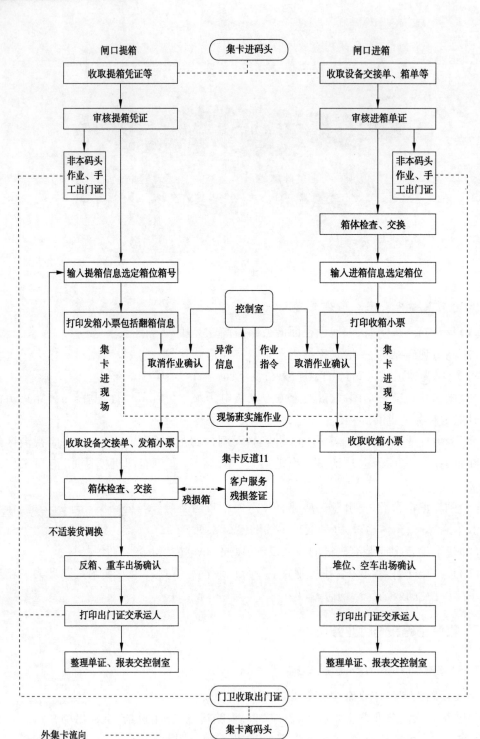

图 4-2 集装箱码头闸口作业流程

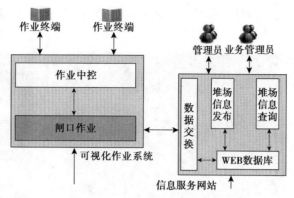

图 4-3　集装箱码头操作系统

(1) 核对基本情况

核对集卡车牌号、进港牌号是否与设备交接单上登记的内容相符,核对集装箱箱号、箱型、尺寸、铅封号是否与设备交接单、装箱单等一些单证相符。

(2) 外部检查

检查集装箱外表面是否有损伤,如发现表面有弯曲、凹痕、摺痕、擦伤等痕迹时,则应在这些损伤处的附近严加注意,要尽量发现其破口在何处,并在该损伤处的内侧也要特别仔细地检查。在外板连接处,若铆钉松动和断裂,容易发生漏水现象。箱顶部分要检查有无气孔等损伤,由于箱顶上有积水,如一有破损就会造成货物毁损事故,而且检查时往往容易把箱顶的检查漏掉,因此要严加注意。对于已进行过修理的部分,检查时应特别注意检查其现状如何,有无漏水现象。

(3) 内部检查

人进入箱内,把箱门关起来,检查箱子是否漏光,同时要注意箱壁内衬板上有无水湿痕迹。如发现有水迹时,则在水迹四周要严加检查,必须追究产生水迹的原因。对于箱壁或箱底板上突出的钉或铆钉头,内衬板的压条曲损,应尽量设法除去或修补,如无法去除或修补,应用衬垫物遮挡起来,以免损坏货物。如箱底捻缝不良,则集装箱在底盘车上雨中运行时,从路面上溅起来的泥水会从底板的空隙中渗进箱内,污染货物,检查时应予以注意。

(4) 箱门及附件的检查

检查箱门能否顺利关闭,关闭后是否密缝,门周围的密封垫是否紧密,能否保证水密,还要检查箱门把手动作是否灵便,箱门能否完全锁上。检查固定货物时用的系环、孔眼等附件安装状态是否良好,板架集装箱上的立柱是否备齐,立柱插座有无变形。开顶集装箱上的顶扩伸弓梁是否齐全,有否弯曲变形,还应把板架集装箱和开顶集装箱上使用的布篷打开,检查其有无破损,安装用的索具是否完整无缺。另外,还要检查通风集装箱上的通风口能否顺利关闭,其储液槽和放水龙头是否畅通,通风管、通风口有否堵塞等。

(5) 清洁状态的检查

检查集装箱内有无垃圾、恶臭、生锈,有无被污脏,是否潮湿,如这些方面不符合要求就应向集装箱提供人提出调换集装箱,或进行清扫、除臭作业。如无法采取上述措施时,则箱内要铺设衬垫或塑料薄膜等以防货物污损。另外,箱内发现有麦秆、草屑、昆虫等属于动植物检疫对象的残留物时，即使箱内装的与动植物检疫完全无关的货物，也必须把这些残留物彻底清除。

图 4-4 集装箱过闸口

2. 重箱进场

重箱进场包括出口装船的重箱和中转出口重箱，即转港口的重箱。转港口的重箱，是因为进口船舶所靠的港口与中转出口的船舶所靠的港口不是同一个，因此需借助陆路运输完成转港口的操作。

检查桥的工作人员在收到验箱员所批注的信息后，必须认真检查该批注和审核集卡司机提供的文件、单证的有效性，测定集装箱的重量，然后对箱号、箱型、车牌号、箱状态、船名、航次、卸货港、中转港、提单号、货物件数、重量等信息进行核对。不同的港口其操作不同，对一般出口重箱进场需持的单证也有所不同，有的是根据设备交接单，有的是根据装箱单，有的则两者都需要。

重箱进场超过一定的重量，则不能进场。箱子太重不仅容易对箱体结构造成损害，同时对港口的装卸机械也埋下了安全隐患。不同的港口根据自己港口机械的安全负荷有不同的重量规定。

转港口的重箱进场，集卡司机凭盖有海关验讫章的集装箱转港口海关申报单及设备交接单到检查桥办理手续，检查桥输单员输入车号、箱号，港口操作系统会自动显示其他信息。

3. 空箱进场

空箱进场时需持船公司或船代签发的集装箱设备交接单，如果该空箱只是重箱进口经过拆箱后,返回港口堆场堆存而已,则仅需对其箱号、箱型、车牌号、箱状态、箱主输入计算机。如果是空箱装船出口的话,则在进场之前,必须预先将计划通知港口,及时安排堆场场地和装卸机械,取得预约受理凭条。进场时检查桥工作人员审核集卡车司机提供的集装箱设备交接单内容,并将箱号、箱型、车牌号、箱状态、船名航次、箱主、卸货港等信息录入系统。

4. 重箱出场

重箱出场包括进口重箱、中转箱及退关箱出场。

进口重箱提箱需持有效提货单和设备交接单。提箱时应严格审核提货单,如海关放行章、检验检疫章等,若不齐、不清、不符,不得提箱。如果代理公司与港口费用无托收协议的,应先到受理台办理预约,付清相关费用后再到检查桥提箱。

中转箱出场,一般指的是转港口的重箱,提箱时集卡车司机凭盖有海关验讫章的集装箱转港口海关申报单及设备交接单到检查桥办理手续。退关重箱提箱需持设备交接单、预约受理凭条和退关箱出卡口证明。

5. 空箱出场

根据集装箱箱主的指令接受驳箱车队的提箱申请,并提供作业受理凭条。出场时,集卡车司机需要出具箱主或其代理签发的设备交接单及预约受理凭条。

6. 单证审核和整理

检查桥所涉及的主要单证有设备交接单、装箱单、提货单、交货记录联、集装箱残损记录等,这些记录都是港口与内陆承运人进行集装箱设备交接时的原始资料,也是交接时对集装箱破损责任划分的原始证据。

7. 场地核箱

根据堆场控制中心提供的核箱单证进行场地核箱,并根据该箱实际情况进行箱位调整。需要核对的内容有集装箱箱号、箱型、尺寸是否与核箱单或电脑上的记录相符等。发现箱体有残损的,在核箱结束后向堆场计划员反馈。核箱完毕后,要及时准确地进行相应调整,并在做好书面记录的同时,及时上报。对所辖堆存场地实行动态管理,对已核集装箱堆存质量和外围集装箱堆存质量、场地附属设施进行巡查。检查冷藏箱的插头、电缆线、接插电源、箱体、发电机运转状况是否正常,检查温度记录,并将冷藏箱在进场时的实际温度信息做相应的记录。

8. 特种箱操作

特种箱主要是危险品箱和冷藏箱。

高温季节应加强对危险货物集装箱的保护工作,室外温度超过30℃时,要对集装箱外表进行定期喷淋降温工作。如发现异常情况,应及时与控制中心联系,必要时需和船公司或货主联系。

冷藏箱在从集卡车卸下进入堆场接通电源后,检查确认集装箱外部的冷冻机运行是否正常,有故障应立即根据实际情况及时对外联系处理或者进行修理。定期检查温度并记录检查结果,仔细核对相关资料中的设定温度与在场温控箱所显示的设定温度及记录温度是否相符。对于冷藏箱在装船后或者卸船前发生机器故障,应立即上船确认,安排维修,同时做好相应记录。

（二）具体操作

（1）集装箱（空箱或重箱）在接收、交付时的检查与交接，检查集装箱箱号、铅封号、箱体外表状况是否完整、有无破损，如有作记录。

（2）接收出口箱有关单证（场站收据、关单、集装箱装箱单），并输入电脑系统。

（3）编制整理门票（门票包括船名、箱号、发货人、转运人、箱型、目的港地、关单、重量、堆场箱位等），并为进场集装箱指定场箱位。

（4）接收货主提货时出具的提货单，并核对交货记录记载内容是否正确。

（5）集装箱出入闸口时，备妥设备交接单，并会同驾驶员签字，设备交接单应包括船名、箱号、底盘车或卡车号、交箱地点、交箱日期、发货人、目的港等。

（6）填写门卫值班记录。值班记录内应包括集装箱编号、空箱或重箱、箱型、目的港、发货人、收货人等。

（7）编制堆场报告，以便对堆存的集装箱进行检查，并将进出堆场的集装箱交接单输入电脑系统。

三、集装箱码头闸口的操作与外部的联系

集装箱码头闸口的操作与外部的联系主要是与船公司、拖车公司及与海关联系。其中与海关联系在前面已叙述，这里主要介绍与船公司及拖车公司的联系。

（一）与船公司的联系

集装箱码头最主要服务对象之一为船公司，而每一个通过闸口交接的集装箱重箱为船公司承运的货物，空箱则为船公司所拥有的运输工具，从港口角度来理解，在某种意义上可以全部视为船公司所拥有。因此，通过闸口发生的每一个集装箱的交接，可视作闸口代表港口与船公司进行交接。而同时，集装箱码头与船公司之间的合作关系，可视作服务与被服务，委托与被委托之间的关系，因此，闸口作为港口对外联系的窗口，其代表港口进行集装箱与拖车或外界的交接工作，作为被委托人必须严格按照委托人（船公司）指示行事，即严格按照船公司交提箱文件及船公司对交提箱文件所做指示行事。

（二）闸口与拖车公司的关系

作为与集装箱码头闸口实际发生交提箱业务的拖车，其身份有双重性，一是作为船公司的代表人；另一是做为港口间接客户（货主）的代表人，其身份的确定及权利义务，完全由船公司交提箱文件所决定。因此，拖车及其司机，对港口而言其同样享有船公司交提箱文件所注明的船公司的权利义务。拖车及其司机要完成船公司文件上所列明的船公司义务（例如交清吊费、堆存费），同时拖车及其司机享受船公司赋予的权利，即要求港口提供良好服务。此时，闸口作为港口的代表，必须在国家法律或规定的范围内（例如：若海关未放行，拖车要提的箱则不能交箱），无条件地完成集装箱进出闸的交接工作，提供最良好最专业的服务。作为拖车公司，最希望港口公司能提供的服务是缩短完成一个完整交接作业的时间，因此，衡量港口对拖车或拖车公司服务水准，也即对船公司代表人的服务水准的一个重要指标，是港口完成一个完整交提作业的平均时间，即拖车从进闸开始到拖车出闸所花费的时间。

项目五　集装箱码头堆场业务

学习任务一　集装箱堆场策划

知识目标

1. 了解集装箱的分类。
2. 掌握堆场策划原则。

技能目标

1. 能够运用理论知识进行堆场策划。
2. 能在现有堆场策划模式基础进行业务创新。

实训模式

1. 任务训练分小组进行,形成小组竞赛。
2. 采用项目实训方式,通过项目实训更深层次地理解集装箱码头堆场知识及原理。
3. 建议采用理论实训、项目实训相结合的教学方式。

教学建议

1. 项目实训需要在实际堆场进行,教师必须提前确定好实训场地,联系相关企业及专家。
2. 本次学习采用任务驱动、流程模拟,明确堆场工作岗位职责,使学生堆场操作的实操技能得到较快提高。

[案例引入]

新加坡港 2014 年货物吞吐量世界第一、集装箱吞吐量世界第二。新加坡港的货物吞吐量和货物构成如表 5-1 所示。

新加坡港的货物量和构成　　　　表 5-1

年　份	2002	2001	2000	1999
处理集装箱总数(百万标准箱)	24.5	19.1	19.8	17.6
*新加坡的集装箱	16.8	15.5	17.0	15.9
*转运集装箱	13.7	12.7	13.9	12.9

续上表

年　份	2002	2001	2000	1999
*本地集装箱	3.1	2.9	3.1	3.0
*每公顷标准箱数	48872	45301	49846	47992
在多功能港口处理的货物数量(百万吨)	10.8	10.7	10.1	8.1

资料来源：PSA2002年报表(PSA Corporation Limited ANNUAL REPORT 2002)p21。

注：*代表在新加坡港的数据，其他为新加坡港务集团全球数据。

新加坡港的集装箱吞吐量在2003年和2004年继续增长，2003年达到了1800万标准箱，2004年突破了2000万标准箱，达到2062万标准箱，比2003年增长14.1%。

[知识链接]

随着集装箱运输的迅速发展，日益增长的集装箱吞吐量给港口规模和港口物流效率提出了新的挑战，同时也对作为港口堆存集装箱的主要场所的集装箱堆场(图5-1)提出了新的更高的要求，其物流速度直接影响到前方港口的物流效率及作业能力。为避免RTG冲突、减少翻箱，提高作业效率，提高堆场利用率，需对集装箱堆场进行合理策划。

图5-1　集装箱堆场

一、堆场箱区划分及箱位编码方式

1.堆场箱区划分(图5-2)

堆场箱区可按不同的分类方法分出不同的箱区：

按进出口业务可分为进口箱区和出口箱区；

按集装箱的装载状态可分为空箱区和重箱区；

按集装箱的货种可分为普通箱区、危险品箱区、冷藏箱区、特种箱区和中转箱区。

危险品箱区、冷藏箱区因有特殊设备，所以该箱区是相对固定的；中转箱区虽无特殊设备，但因海关部门有特殊要求，因此该箱区也是固定的；港口箱管人员在安排箱区时，原则上各箱区堆放哪一类箱是相对固定的。

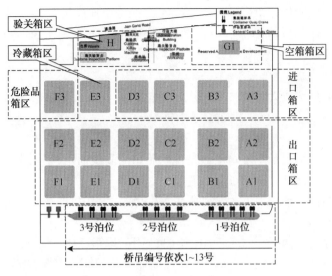

图 5-2 集装箱码头箱区平面布置图

2.堆场箱区的箱位编码方式

集装箱在港口的堆放方向有垂岸式和顺岸式。集装箱堆放在港口堆场,一般在堆场上都要按照集装箱的箱型、尺寸划出标准区域,并用一组代码来表示其在堆场内的物理位置,即"场箱位"。在场箱位线端部标出编号,这种号码称作"场箱位号"。"场箱位号"由箱区、位(贝)、排、层组成(图 5-3)。

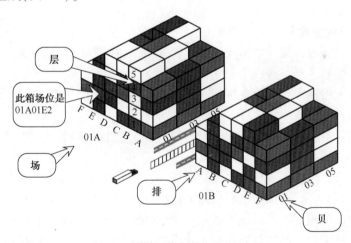

图 5-3 集装箱堆场场箱位编码示意图

(1)箱区

箱区的编码分为两种:一种是用一个英文字母表示;另一种是由一个英文字母和一位阿拉伯数字组成,其中第一个英文字母表示港口的泊位号,第二个阿拉伯数字表示堆场从海侧到路侧后方堆场的顺序号。国内普遍采用一位字母和一位数字组合作为箱区的编码。

(2)位(贝)

一个箱位由若干个位组成,位(贝)的编码一般用阿拉伯数字表示,与集装箱船舶箱位

(行)号表示类同,用奇数01,03,05,07……表示20ft箱的位(贝),用偶数02,06,10,14……表示40ft箱或45ft箱的位(贝)。位(贝)数与堆场箱区的长度有关,而箱区的长度往往与泊位的长度或纵深相对应。

(3)排

用一位阿拉伯数字或大写英文字母表示。排数宽度应视轮胎吊的跨度而定,一般轮胎吊的跨度为23.47m,这样箱区的排数就是六排。

(4)层

用一位阿拉伯数字表示。堆箱层数是视轮胎吊的高度而定,不同类型的轮胎吊系统,堆垛高度也不相同,一般是四层或五层。

集装箱的场箱位一般由"五位"或"六位"表示:如"A10111"表示该箱在:A1箱区01位(贝)第一排第一层。

如"A10133"表示该箱在:A1箱区01位(贝)第三排第三层。

当船舶装卸及陆域收发箱作业时,港口堆场业务员可根据船舶配载图、堆场积载图、装卸船顺序表、场地收提箱顺序表等,并根据堆场箱位号上集装箱的堆存情况,编制生产计划。

堆场理货和场地机械司机,也可以根据这些编号,按照生产指令,到达指定的场位和箱位,正常有序进行生产作业。

二、堆场收箱、提箱管理

收箱业务是出口装船业务的前奏,提箱业务则是进口卸船业务的延续。

1.港口堆场收箱管理

(1)出口重箱收箱业务

①公路承运人凭设备交接单和其他相应业务单证,在港口检查桥(大门)进场通道与堆场理货员办理集装箱进场交接;

②公路承运人将拖车开到检查桥地磅上称重,过磅理货用计算机输入箱号、箱型、车号,打印过磅计量单;

③检查桥理货员核对设备交接单,检查箱体、箱号、铅封、船名、航次、车队、车号后双方签字,理货留下两联存底,第三联交运箱人;

④检查桥理货在出口箱入场单加盖箱检章、过磅章,并为进场集装箱指定场箱位;

⑤运箱人将拖车开到堆场指定场位卸箱;

⑥堆场箱控部门根据堆场积载计划安排,指挥场地机械将重箱卸到指定场位、箱位;

⑦堆场理货员编制堆场箱位图并输入计算机,供调度(策划)部门编制出口装船计划。

(2)货运站装箱出口重箱返场作业

与出口重箱收箱程序大致相同。

不同点:港口内部交接,在港口堆场理货与货运站理货间进行。

(3)空箱返回进场业务

与出口重箱交接相同,是港口堆场受船公司委托而进行的。

2.港口堆场提箱管理

进口重箱提箱业务:

①公路承运人凭设备交接单、交货记录、集装箱提箱凭证,在检查桥出场通道与堆场理货员办理出场交接;

②堆场理货员核对运箱人所持设备交接单、交货记录、集装箱提箱凭证、费用结算单证、有效放行单证,并经双方检查箱体、铅封后在设备交接单上签字、交接;

③运箱人凭检查桥理货员开具的出门证,从检查桥出场通道运箱出场;

④堆场理货员将提箱信息及时输入计算机,及时变更堆场箱位图。

三、堆场堆存管理

1.集装箱堆垛的基本要求

集装箱堆垛的基本原则是保证集装箱堆放安全;减少翻箱率;充分利用堆场面积。其基本要求包括:

(1)根据集装箱的不同箱型状态分开堆垛;

(2)根据箱内装载货种不同分开堆垛;

(3)满足堆场作业机械的工艺要求;

(4)合理安排出口箱进场堆放;

(5)合理安排进口箱进场堆放;

(6)合理安排空箱进场堆放。

2.集装箱堆场堆存管理

集装箱堆场的堆存管理由堆场配载室、堆场调度室、堆场箱控室三个方面:

(1)堆场配载室业务

根据船公司或其代理人提供的出口集装箱装货清单及预配清单、集装箱预配图,结合港口进箱堆存实际情况,编制出口集装箱实配图。

(2)堆场调度(策划)室业务

堆场调度(策划)室业务主要包括规划重箱、空箱进出口箱区。为接收的集装箱指定堆场箱位,并编制堆场箱位图和堆场作业计划图。

根据积载图,编制装卸顺序单(装卸船计划)。

(3)堆场箱控室业务

堆场箱控室业务主要是执行堆场作业计划和装卸作业计划;包括进出场作业、验关移箱作业和装卸船作业。

四、堆场策划原则

1.重箱龙门吊区

(1)采取堆四过五原则,每个贝位原则上不超过21个箱,根据箱区压力策划人员可以调节放置层高以减少翻箱量。

(2)每个箱区两头原则上放大柜,若因地面关系无法实现可适当调整。

(3)箱区孤零排不能超过三层高,包括第1、6排。

(4)不同箱型和空重箱原则上分位堆放,高平柜混堆时尽量降低到3层。

(5)出口重箱计划一般按船名区分,并按要求分港分吨,同船箱策划安排尽量集中,原则上不同船名的箱要分两个区域放。

(6)进口重箱同航次的尽可能集中,如是分两个计划区的也要在各自的区内尽量集中在几个位。

(7)超长超宽箱原则上不放在龙门吊区。

(8)冷藏箱堆放不超过三层,如有翻箱到四层的应及时翻回。

(9)龙门吊区计划要考虑尽量少走大车、少转区的原则。

(10)龙门吊区归并策划的制定要考虑集装箱的堆存期、作业的效率要求、作业的时间段和场内机械的投入等因素。

2. 重箱正面吊区

(1)危险品箱区堆放不超过两层,并按性质类别分位堆放。

(2)正面吊区堆存计划应考虑尽量缩减排数,原则上同向不超过三排,层高不超过三层。

(3)超长超宽箱原则上不与其他箱混堆,超长箱相邻位不放箱,超宽箱相邻排不放箱。

3. 空箱区

(1)要求先进先出的箱种尽量放双向堆场,每个位原则上只放一箱种,但如果是调运进口的批量空箱,也可按场位情况放在单向堆场。

(2)不要求先进先出的箱种优先考虑放单向作业堆场,堆场紧张时把双向作业堆场的一个位分放两个箱种。

(3)空箱策划制定时应参考此箱种的预测堆存量及平均堆存期,并根据同箱种的在场重箱数量进行策划,小堆存量的箱种不可以占用大位。

(4)箱区靠路侧排应降低一个层高。

(5)根据箱种堆存量的变化,必须进行适当归并,应以长期策划的思路为主。

4. 箱区策划如何适应作业

(1)当策划由于重叠而作业冲突,那就需要错开策划,临时错开策划时也需周密考虑场区使用情况和机械分配情况。

(2)策划必须实时控制,堆场使用情况发生变化,策划人员就必须考虑策划是否需要更改,需要更改策划或产生新的策划时,策划人员必须及时,不能产生作业等策划的情况。

(3)策划人员在安排计划场区时要思考下一步作业的需求,船舶到港高峰、进出场作业以及堆场集装箱堆存量的升降趋向。

(4)对外贸箱公司要求先进先出操作的,策划在安排计划时应查看该箱公司的堆存箱量及堆存期,若堆存箱量超过100个自然箱,平均存长期超过25天的,可放宽先进先出控制,但要及时和船公司沟通此情况。

(5)对部分箱公司不修不洗箱与好箱堆混情况,根据箱公司近期的用箱情况与调运要求,在场位允许的情况下,应及时调整计划,尽量安排区分堆放。对指定出口箱,策划应提前做好指定箱计划,避免压箱。

(6)对出口重箱,策划应及时关注出口重箱动态,提前做好计划更改,避免压箱。

(7)对破污箱的移回工作,策划应查看移箱清单上的备注项及外贸空箱堆存期(要求先进先出的箱公司),根据信息安排好移箱策划。

(8)堆场场位有因各种原因产生特殊要求时,策划人员除了在交接本上要做好记录外,还应在堆场规划图上修改,策划时考虑其因素。

学习任务二　堆场堆存管理

知识目标

1　了解堆场堆存管理中对堆垛的管理。
2　掌握堆场堆存管理对堆场业务的管理。

技能目标

1　能够运用理论知识进行堆场堆存管理。
2　能在现有堆场堆存管理模式基础进行业务创新。

实训模式

1　任务训练分小组进行,小组团队合作。
2　案例分析,通过对堆场堆存问题的分析,加深对堆场堆存基础知识及原理的理解。
3　建议采用现场参观教学、情境模拟相结合的教学方式。

教学建议

1　部分教学训练需要在实际堆场仓库进行,教师必须提前确定好实训场地,联系相关企业。
2　本次学习任务的重点是堆场堆存业务的流程模拟,使学生通过工作任务驱动,边学边练,实操技能得到较快提高。

[知识链接]

一、堆场堆存管理概念

堆场堆存管理是指港口堆场部门对集装箱货物在进出港口堆场进行换装的过程中所产生的堆存保管业务而进行的生产管理的过程。

二、堆场堆垛要求

堆场堆垛的基本原则就是保证集装箱堆放安全,减少翻箱率,充分利用堆场面积、集装箱箱型不同,工艺不同,箱内装载货种不同,其堆垛方式也不相同。堆场堆垛的基本要求是:

(1)根据集装箱的不同箱型状态分开堆垛。即出口箱和进口箱分开堆放;重箱、空箱分开堆放;20ft、40ft和45ft集装箱分开堆放;污箱、坏箱分开堆垛;中转箱按海关指定的中转箱区堆放。

(2)根据集装箱箱内装载货种不同分开堆垛。即危险货物箱应堆存于专设的危险货物堆场,并按货物不同类别分开堆码,堆码高度一般不超过两层高;冷藏箱应堆存于专设的冷藏箱堆场,堆码高度一般不超过两层高,对于现代化设施齐全的冷藏箱堆场,其堆码高度可视设备条件而适当增加;特种箱应堆放在相应的专用箱区。超限箱宽超过30cm,相邻排不得堆放集装箱,超限箱超长过50cm,相邻位不得堆放集装箱,超高箱、敞顶箱上严禁堆放集装箱。

(3)满足堆场作业机械的工艺要求。即按箱位线堆码,箱子不压线、不出线、上下角件部位对齐,四面见线;堆垛层数不能超过机械的最高起吊点的高度;各箱区之间要留有合适的通道,使集卡、铲车等机械在堆场内安全行驶;相邻列孤立的层高之差不得大于3层,以充分考虑堆放的安全系数。

(4)堆码层应视本港口具体条件及载荷而定。我国集装箱码头堆场,一般堆码4层高。

(5)合理安排出口箱进场堆放。出口箱进港口堆场堆放时,必须遵循一定的原则,使出口箱在配载装船时,能减少翻箱,提高装船效率。一般有以下几个原则:

①按排堆放:同一排内,堆放同一港口、同一吨级的箱;但同一位内不同的排可以堆放不同港口、不同吨级的箱。

②按位堆放:同一位内,堆放同一港口、同一吨级的箱;但同一箱区内的位,可以堆放不同港口、不同吨级的箱。

③按箱区堆放:同一箱区内,堆放同一港口、同一吨级的箱。

④在同一位中,较重的箱堆放于靠近车道二排,较轻的箱堆放在最里面二排,中间等级的箱堆放于较中间的排。

(6)合理安排进口箱进场堆放。同一位中相同的提单号,进同一排;一个位结束后,再选另一个位。

(7)合理安排空箱进场堆放。根据持箱人不同,箱型尺码不同,选择相应的进场位置。

三、堆场堆存业务管理

集装箱堆场堆存业务工作包括以下几方面:

1. 堆场配载室业务

根据船公司或其代理人提供的出口集装箱装货清单、预配清单及集装箱预配图,结合港口进箱堆存实际情况,编制出口集装箱实配图,具体操作按集装箱船舶配积载要求进行。

2. 堆场调度室业务

(1)根据船舶靠离泊计划好堆场实际堆存能力,规划重箱、空箱进出口箱区。

(2)根据门卫整理的门票,为接收的集装箱指定堆场箱位,并编制堆场箱位图和堆场作业计划图。

(3)箱位图内应包括船名、目的港地、箱号等。堆场作业计划图是用来安排集装箱在堆场上存储的,因此也可以称为集装箱在堆场的场地积载图。它的目的在于,根据在船期表和船舶积载图的基础上预选编制的计划表,交付和接受进出口集装箱,充分利用集装箱堆场的有限场地地储集装箱以便把集装箱顺利交付收货人或者装上船舶。堆场调度员必须与门卫值班员密切合作,根据堆场作业计划图,确保那些需要存储或交付的集装箱能够顺利地交接。

(4)根据靠泊船舶的积载图,编制装卸顺序单(装卸船计划)装卸顺序单内卸船时应注明:顺序号、装船港、箱号、堆场箱位、拖头编号(如有)等。装船时应注明堆场箱位、集装箱编号、目的地、船上箱位等。

3.堆场箱控室业务

箱控室主要业务是执行装卸作业计划和堆场作业计划,具体操作包括进出场作业、验关移箱作业和装卸船作业。

(1)进场作业

①根据出口备箱堆场计划、结合堆场作业动态,设定出口重箱进场应卸场区;

②集装箱进场后,据电脑显示的箱号及相关资料,通知相应的机械司机;

③机械到位,由机械司机报箱号,据箱号查看船名、卸港、箱型等,找出合理卸箱位置报给机械司机;

④机械司机完成卸箱操作;

⑤获机械司机确认后,将正确的箱号、卸箱位置等输入电脑,完成进场作业。

(2)出场作业

①根据电脑显示的申请内容(箱号、场区、拖车号码、数量)指示机械司机做好提箱作业准备,通知机械到位;

②由机械司机报车号,箱控室将具体场位、箱号报给司机;

③机械司机核对箱号,完成装车操作,并将必要的移箱情况报箱控室;

④获机械司机确认后,将相关移箱情况输入电脑,完成提箱作业。

(3)验关移箱作业

①根据移箱作业计划的时间、场位、质量要求,结合堆场作业动态,确定各项移箱计划合理的作业顺序,保证按时完成;

②据电脑显示的验关移箱内容(箱号、场位、移出时间及移出后所卸的场位),通知作业机械司机(需用移箱拖头时,及时联系移箱拖头)到位;

③机械司机到位后,将要移出验关的场位,集装箱箱号报给司机;

④机械司机核实后,直接移出或吊给移箱拖头,并将必要的移箱情况报箱控室;

⑤获机械司机确认后,将相应的移箱情况输入电脑;

⑥拖头将待移箱拖往计划场区,箱控室同时通知计划场区机械司机到位;

⑦移到验关场后,由机械司机报箱号,箱控室同时告知计划卸箱场位;

⑧机械司机核对箱号,明确计划场位后,完成卸箱作业;

⑨获机械司机确认后,将新场位输入电脑,完成移箱作业。

(4)装船作业

①接到配载总图、装船顺序单;

②查看各舱所配卸港,计算箱量;

③接到调度室的装船通知,联系船边交接员和工班指导员,明确作业意图、发箱顺序、场区和注意事项;

④通知相应机械到位,同时船边员通知装船拖头到场;

⑤将电脑显示待装的箱号、场位报给机械司机;

⑥机械司机完成装车操作;

⑦获机械司机确认后,将已装船的箱号及操作司机代码输入电脑,完成装船发箱作业。

(5)卸船作业

①根据卸船堆场计划的场区安排,箱控室联系船边交接员,确定卸船作业顺序,通知各接箱场区机械司机做好卸船接箱准备,同时注意各卸船接箱场区机械作业的协调进行;

②箱控室接到卸船清单;

③调度员通知卸船作业,箱控室接到船边员通知后,通知相应机械到位;

④拖车根据船边交接员的指示将卸船箱拖往相应的卸箱区后,机械司机将箱号报箱控室,箱控室根据电脑给出的计划卸箱场位,确认符合计划要求后,指导司机卸箱;

⑤机械司机完成卸箱作业;

⑥获机械司机确认后,箱控室将箱号、实际卸箱场位、司机代号等输入电脑,完成卸船作业。

项目六　集装箱码头装卸船操作

学习任务一　集装箱船舶配积载操作

知识目标

1　了解集装箱船舶配积载。
2　掌握集装箱船舶的箱位号。
3　掌握集装箱船配积载图的编制。

技能目标

1　能够运用理论知识进行集装箱船舶配积载操作。
2　能对现有港口集装箱船舶的配积载模式进行分析。

实训模式

1　案例分析,通过对集装箱船舶配积载案例的分析,加深对集装箱船舶配积载基础知识及原理的理解。
2　建议采用讲授与案例分析、情境模拟相结合的教学方式。

教学建议

1　项目实训,根据实际要求学生编制完整的集装箱船配积载图。
2　抓项目重点,学习的内容是任务,课程采用任务驱动变先学后练为边做边学,使学生实操技能得到较快提高。

[案例引入]

鹿特丹港 DMT

1998 年马士基公司和 Europe Combined Terminal(ECT)在鹿特丹港原有 Delta Terminal 基础上联合组建新的港口管理公司。投资约 1 亿美元,建设岸线长 900m、占地 33 公顷的港口,达到年通过能力 90 万 TEU 的目标。2000 年马士基海陆公司为此购置了 6 台岸边集装箱起重机。其中吊具下额定起重量为 61.0t 和 55.0t 的分别为 5 台和 1 台;港口海侧轨到护航外侧的距离为 10.0m,因此,前伸距为 66m 的岸边集装箱起重机适应作业甲板上最多积载 22 列集装箱的船舶。

此外,1996年马士基公司为其在高雄港的专用港口购置了6台超巴拿马型岸边集装箱起重机,轨距为30.5m和24.4m的分别为4和2台。马士基海陆公司在西班牙阿尔赫西拉斯港的3个专用泊位,除了使用Noell公司的岸边集装箱起重机外,在港口面积增加12万平方米后,2000年添置3台岸边集装箱起重机,马士基海陆公司目前正在为其经营的塔科马港以及新泽西港的港口招标分别购置2台和3台岸边集装箱起重机,性能要求与其洛杉矶港的西海岸码头West Coast Terminal(WCT)的设备相同,适应作业甲板上积载22列集装箱的船舶,不过,塔科马港和新泽西港的港口的海侧轨到护航外侧的距离小于WCT,分别为5.41m和4.42m,因此,前伸距要求相应减小。

[知识链接]

为了船舶的航行安全,减少中途港的倒箱,缩短船舶在港停泊时间,保证班期和提高经济效益,必须进行合理配积载。

集装箱船由于既要在舱内装载一定数量的集装箱,又要在甲板上堆放几层集装箱,因此在集装箱船舶配积载方面具有相应特点。

一、集装箱船舶配积载的概念

船舶的配载和积载是有不同的含义的。通常理解是,船公司根据订舱单进行分类整理以后,编制一个计划配载图,又称预配图或配载计划。而港口上实际装箱情况与预配图将会有出入,根据实际装箱情况而编制的装船图称为积载图,又称最终积载图或主积载图。

二、集装箱船舶的箱位号

每个集装箱在全集装箱船上都有一个用6个阿拉伯数字表示的箱位号。它以"行"、"列"、"层"三维空间来表示集装箱在船上的位置。第1、2两位数字表示集装箱的行号,第3、4两位数字表示集装箱的列号,第5、6两位数字表示集装箱的层号。

1.行号(图6-1)

"行"是指集装箱在船舶纵向(首尾方向)的排列次序号,规定由船首向船尾顺次排列。为了区分6.1m(20ft)和12.2m(40ft)箱的行位,规定单数行位表示6.1m(20ft)箱,双数行位表示12.2m(40ft)箱。01,03,05,07……均为6.1m(20ft)箱,而02,06,10,14均为12.2m(40ft)箱。由于04,08,12等箱位间有大舱舱壁隔开,无法装12.2m(40ft)箱。

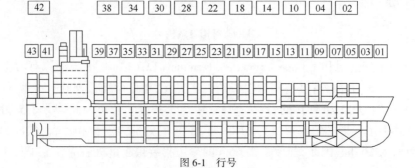

图6-1 行号

2.列号(图6-2)

"列"是指集装箱在船舶横向(左右方向)的排列次序号,有两种表示方法。

(1)从右舷算起向左舷顺次编号,01,02,03,04,……以此类推;

(2)从中间列算起,向左舷为双数编号,向右舷为单数编号。如左舷为02,04,06,……,右舷为01,03,05,……中间列为"00"号,如列数为双数,则"00"号空,这种表示法目前较常用。

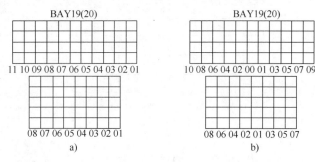

图6-2 列号

3.层号

"层"是指集装箱在船舶竖向(上下方向)的排列次序号,有三种表示方法。

(1)从舱内底层算起,一直往上推到甲板顶层,如舱底第1层为01,往上为02,03,04,……,如图6-3所示。

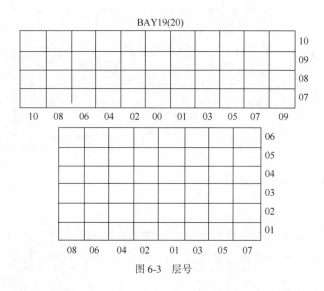

图6-3 层号

(2)舱内和甲板分开编号,舱内层号数字前加"H"字头,从舱底算起为H1,H2,H3,H4,……。甲板上层号数字前加"D"字头,从甲板底层算起为D1,D2,D3,……,如图6-4所示。

(3)舱内和甲板分开编号,从舱底算起用双数,即02,04,06,08,10……。甲板上从甲板底层算起,层号数字前加"8",即82,84,86……,如图6-5所示,目前常用这种编号方法。

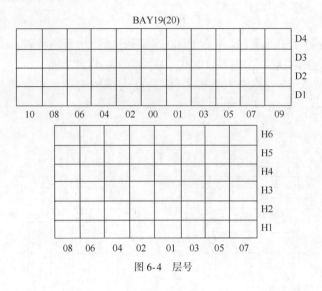

图6-4 层号

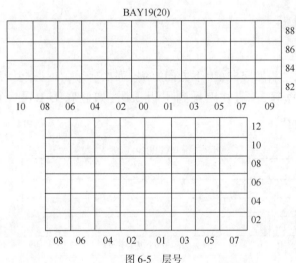

图6-5 层号

三、集装箱船配积载基本要求

1.充分利用船舶装载能力

船舶的载货能力是指船舶在具体航次中所能承运的货物数量的最大限额,以及承运特殊货物或忌装货物的可能条件和数量限额,主要包括载重能力、容量能力和其他载货能力三个方面。

载重能力:是指船舶在具体航次中所能承运货物重量的最大限额,用净载重量表示。

容量能力:是指船舶所能容纳货物的体积的最大限额。对包装件杂货,用包装舱容表示;对必须装于舱内的散装货物,容量能力用散装舱容表示;对散装液体货或散装液化气体,用液舱舱容表示;对于集装箱用箱位容量表示。

载货能力:对杂货船是指互抵的货物的隔离能力以及对重大件、冷藏货、散装液体货、集装箱等特殊货物的承运能力,用货舱数与甲板装箱层数表示;对集装箱船而言,则是指其对冷藏箱、危险箱及其他特殊集装箱的承载能力,用相应的箱位容量来表示。

2.保证集装箱船舶具有适度的稳定性

船舶稳性是指受外力作用,船舶发生倾侧而不致倾覆,当外力消失后,仍能回复到原平衡位置的能力。

根据不同的区分标准,可以对船舶稳性进行不同的分类:

(1)按船舶的倾斜方向,分为横稳性和纵稳性。

(2)按受外力性质,分为静稳性和动稳性。

(3)按倾斜角度的大小,分为初稳性和大倾角稳性。

(4)按船舶破舱与否,可分为完整稳性和破舱稳性。

其中,小倾角稳性即为初稳性,是船舶稳性计算中最重要的数据,也是集装箱码头衡量其制作配载图符合要求与否的主要标准之一。

3.保持集装箱船舶具有适当的吃水差

4.保证集装箱船舶的强度

船体是一个由板材和骨架组成的工程建筑体,船舶在使用中,受到船舶本身及总载重量的各组成部分的重力、舷外水的浮力、船舶摇荡的惯性力等不同外力的作用。在这些外力的作用下,船体将不可避免地发生变形。变形超过极限,将导致船体发生不可恢复的永久变形或损坏。为保证安全,船体结构必须在规定外力作用下具有抵抗发生极度变形和损坏的能力,这种能力称为船体强度。

按照外力的分布和船体结构变形范围的不同,船体强度可分为总强度和局部强度,其中总强度又可按照外力分布的走向和船体变形的方向不同,分为纵向强度、扭转强度和横向强度。确保船舶所受的外力处于船舶强度的允许范围之内,是保证船舶结构安全的首要条件,即船舶的强度条件。

5.尽量满足装卸要求,避免中途港倒箱

为保证集装箱货运质量,配载时应注意做到重不压轻、大不压小,合理隔离;先配远程后卸箱,后配近程先卸箱;先安排特殊货和特殊箱,后安排普通货和普通箱。充分考虑中途装卸港作业需要,使船舶尽量缩短中途港作业时间,提高船舶的营运经济效益。

6.装卸作业中要保持船舶左右平衡

全集装箱船都采用箱格结构,故在装卸中不能产生过大的横倾,一般如横倾大于3°,集装箱进出箱格时就会产生困难。因此,在配载时要注意不要把同一港口的集装箱集中配于一侧,应左右对称,以免在装卸过程中使船舶出现过大的横倾,影响船舶作业。

7.注意平衡舱时,消灭重点舱

对于箱量特别多的港口的集装箱,应分舱装载,不要集中装在一个舱内,以免造成重点舱,延长船舶在港装卸时间。在分舱配载时要注意到几台装卸桥同时作业的可能性。

四、集装箱配积载图的类型

1.预配图

集装箱船的预配图(Pre-stowage Bay Plan)是集装箱船配积载最重要、最关键的环节,装箱船配载的好坏,不仅影响到能否保证班期和营运的经济性,还会影响航运的安全。

集装箱船的预配图由3幅图组成:

第一幅:字母图(Letter Plan)。

第二幅:重量图(Weight Plan)。

第三幅:冷藏箱和危险货物箱图(Reefer/Dangerous Plan)。

2.实配图

集装箱的实配图(Container Terminal Bay Play)由两种图组成,一种是封面图,另一种是每一行的箱位图。

(1)封面图只有一幅,通常在图上标注着集装箱的卸箱港和特殊集装箱的标记。

封面图上卸箱港的表示方法有两种,一种与预配图一样用一个英文字母表示,也有用不同的颜色来表示不同的卸箱港。两者比较起来后一种表示更清楚。

(2)行箱位图此图每行位一张。在每一箱位图中应标有如下内容:

①集装箱的卸箱港和装箱港。表示方法一般卸箱港在前,装箱港在后,也有的只标注卸箱港不标注装箱港。卸箱港和装箱港用3个英文字母代号表示际航空港标准代码,不另订标准。

②集装箱的总重。

③集装箱的箱主代号、箱号和核对数字。

④堆场上的箱位号。

3.最终积载图

最终积载图(Final Bay Plan)是船舶实际装载情况的积载图,它是计算集装箱船舶的稳性、吃水差和强度的依据。最终积载图由最终封面图、装船统计表及最终行箱位图三部分组成。

(1)最终封面图,把预配图中的字母图和特种箱位图合并在一起,按照实际装箱情况来表示。关于各个箱的重量,在最终行箱位图中可以找出。

(2)装船统计表中包括下列内容:

①装箱港、卸箱港和选箱港。

②集装箱状态:分重箱、空箱、冷藏箱、危险货物箱以及其他特种箱。

③箱型:分20ft和40ft。

④数量和重量的小计和总计。

五、集装箱船配积载图的编制过程

(1)由船公司的集装箱配载中心或船舶大副,根据分类整理的订舱单,编制航次集装箱预配图。

(2)航次集装箱预配由船公司直接寄送给港口的集装箱装卸公司,或通过船舶代理用电报、电传或传真形式转给港口集装箱装卸公司。

(3)港口装卸公司收到预配图后,由港口船长(Terminal Captain)或集装箱配载员,根据预配图和港口实际进箱情况,编制集装箱实配图。

(4)待集装箱船靠泊后,港口配载员持实配图上船,交由大副审查,经船方同意后应签字认可。

(5)港口按大副签字认可的实配图装船。

(6)集装箱装船完毕后,由理货公司的理货员按船舶实际装箱情况,编制最终积载图。

六、集装箱船预配图的编制方法

(1)由船舶代理将该航次的订舱单进行分类整理,分类时按不同卸港、不同重量、不同箱型来分,特种箱应另行归类。

(2)船舶代理或船舶调度用传真(或电传)把资料传送给船公司的集装箱配载中心,或由船舶调度把资料直接送交船舶大副。

(3)集装箱配载中心或大副根据分类整理后的订舱单进行预配。订舱单是编制配载图的最重要的原始资料,是配载的主要依据。

订舱单上主要包括如下内容:

(1)装箱港和卸箱港。

(2)每箱的总重量。

(3)集装箱的种类、箱型和数量。

(4)备注中应注明特种箱的特性和运输要求。

七、配积图的审核

1. 预配图的审核

(1)预配图上的集装箱数应与订舱单上的数量吻合。

(2)计算每列集装箱的总重量。

(3)检查特种箱的配位是否正确。

(4)审核港序。

(5)适航性的审核。

2. 实配图的审核

实配图是由港口的港口船长或集装箱码头的配载员,根据预配图和实际港口进箱情况来编制的,但是对船舶结构最了解的无疑是集装箱船的船长和大副。所以实配图编制后,在装船前应取得船长和大副的同意方可装船。这就是实配图的审核。实配图审核的内容一般与预配图审核相同,不外乎船舶的适航性、装卸量、港序等。审核实配图时发现的问题一般比较细、比较具体。

学习任务二　集装箱装船理箱及装船操作

知识目标

1　了解装船前准备工作。
2　掌握集装箱装船理箱。
3　了解装船结束后工作。

技能目标

1. 能够运用理论知识进行集装箱装船的相关工作。
2. 能在现有集装箱装船模式基础进行业务创新。

实训模式

1. 专题讲座,请企业模范员工介绍集装箱装船理箱及装船操作的经验。
2. 集装箱装船理箱及装船实训,通过实训,加深对集装箱基础知识及原理的理解。
3. 集装箱理箱技能大赛,以赛促学,达到教学效果。

教学建议

1. 任务训练分小组进行,形成小组竞赛。
2. 根据集装箱理箱技能大赛需要,教师必须做好全面的大赛计划安排。

[案例引入]

集装箱运输货损

A 公司(以下称发货人)将装布料的 6 个集装箱委托一家国际货运代理公司(以下称货代)托运到香港装船,目的港西雅图港,然后再通过铁路运至交货地(底特律)。由货代出具全程单据,集装箱在香港装船后,船公司签发了以货代为托运人的海运清洁提单,在西雅图卸船时,货代在西雅图的代理发现有 3 个集装箱外表状况有较严重破损,货代在西雅图港的代理与船方代理对此破损做了记录,并由双方在破损记录上共同签署。货到底特律后,收货人发现那三个集装箱内的货物已严重受损,另一个集装箱尽管箱子外表状况良好,但箱内的货物也受到损坏,因此当事人发生了争议。

问题:

(1)本案中,有哪些当事人?

(2)本案中,集装箱货物的损失赔偿责任应该由哪些当事人承担?这些当事人应该分别对哪些货损承担责任。为什么?

[知识链接]

一、装船前准备工作

在船舶装货前 24 小时,船舶代理人将载货清单、装货清单、危险品清单和经船方确定的货物配载图等有关单证资料送交理货机构。发货人或其代理人将经港口仓库确认并批明货物堆放位置的装货单附页和经海关核准放行的装(收)货单一起送交理货机构。理货机构收到这些单证、资料后,要进行整理和登记。如发现问题,应及时联系解决。然后将有关单证、资料交给指派登轮的理货长使用。

(一)理货长

理货长收到单证、资料后,要立刻着手进行下列准备工作:

1.核对装货单和载货清单

装货单是理货人员验收货物和装船理货的凭证。载货清单全称是"国际航行船舶出口载货清单",习惯称为"出口舱单"或"舱单",是船舶代理人根据装货单按卸货港顺序汇总编制的,是供理货长了解和掌握全船所载货物的总件数和总重量之用。核对装货单和载货清单,应以装货单上记载内容为准。如发现两者内容不一致,应按装货单修正载货清单。

核对内容有:

(1)港口名称

港口名称包括货物的卸货港和目的港。有的货物的卸货港和目的港是一致的,有的货物的卸货港不是目的港,而是转口港或选择港。

(2)标志、货名、包装

标志包括主标志和副标志。

(3)件数和重量

件数和重量是核对的最重要内容,不能有丝毫的差错。

(4)对未到货物的处理

由于发货人还未将货物送到港口市场,或海关验货未放行,或发货人没把货齐备,或发货人和港口库场对货物件数有争议等原因,使装货单未到理货长手中。此时,理货长应在载货清单上表明未到的装货单,或另外列一张未到货的清单以便下一班理货长掌握。

2.编制舱口装货计划表

舱口装货计划表示理货长根据货物配载图和装货单,按舱口分层次编制的全船装货顺序计划表,俗称"进度表"。

编制舱口装货计划表的要求是:

(1)将装货单按编号顺序排列。

(2)根据货物配载图和装货单,按卸货港顺序,分舱口和层次圈配载图上的装货单号,同时在装货单上填明装舱位置。

(3)将同舱口、同层次、同装货港的装货单,按不同货类、不同性质、不同积载要求、不同包装式样、不同货物来源加以分开;同货类、同性质、同包装式样的零星小票货物集中在一起。

(4)将转口货和选港货的装货单按不同的转口港和选择港加以分开。

(5)将危险品、贵重品、使馆物资、重大件等特殊货物的装货单单独分开。

(6)在完成上述工作的基础上,按不同舱口、不同卸货港编制进度表。

(7)大宗货、大票货和散装货,应在进度表上分别注明装入各舱的货物数量。

(8)加载、退关货物,应在进度表上注明加载、退关的货物件数和重量。

(9)在进度表上计算出装入各舱口和层次的货物总件数和总重量;各卸货港(包括转口港和选择港)的货物总件数和总重量。然后计算出全船装货的总件数和总重量。最后,把计算出来的各项数字与载货清单计算出来的各项数字相核对,务必两者完全一致。如有不一致的地方,必须找出原因,直到两者数字完全相同为止。

3.准备登轮工作所需的单证、资料和理货用品

4.与大副联系有关事宜

(1)了解和核对卸货港顺序

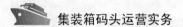

配载图上的各卸货港是由船方确定的,为了确保卸货港顺序的正确无误,理货长有必要仔细的进行检查,且与大副当面核对一次。如发现有不妥之处,应与大副磋商,进行适当调整。

(2)修正配载图上错配、漏配、重配的装货单

配载图上标明装货单编号用来表明每票货物的装舱位置。理货长在编制进度表时,可能会发现货物配载图上有错配、漏配和重配装货单的现象。

理货长要把错配、漏配、重配的装货单送交大副,由他重新确定装舱位置。

(3)纠正配载图上存在的问题

由于船方对货物的实际情况不了解,因此,在编制配载图的过程中,难免存在一些问题,如货物轻重,大小搭配不合理,货物前后、上下、左右位置不适当等。理货长发现上述问题,应向大副提出,以便及时纠正。

(4)了解衬垫隔票要求

对衬垫隔票总的要求,船方在配载图上备注栏内已经表明。但在装货过程中,还会遇到许多具体情况,都需要理货长联系船方解决。

(5)装卸方面的问题

向船方了解船舶吊杆的安全负荷量,重大件的起吊设备,冷藏舱打冷气的时间等。向船方介绍装卸作业时间,工班作业舱口等。

(6)理货方面的事宜

商定与大副联系工作地点、时间、夜班作业发生问题如何处理,船方值班人员安排等。

理货长应将与船方洽谈的有关事项记录在交接簿内,供交接班人员掌握。

(二)理货员

根据港口安排的船舶昼夜作业计划,理货机构指派登轮理货员,召开船前会,介绍船舶理货任务和注意事项,以及各条作业线的装卸情况。理货员要着手的准备工作有:

(1)了解和熟悉自己负责舱口的货物情况、装货作业方式、理货交接方法、装货注意事项等。

(2)准备好登轮理货的用品和空白理货单证,上船向理货长报到,接受工作部署。

二、集装箱装船理箱

(一)理货长

1.发放装货单

根据配载图和进度表,将本工班预计装船的装货单发给理货员,作为理货依据,且在进度表上表明,以防止错发、漏发、造成错装、漏装而引起翻舱事故。

2.布置任务

(1)根据配载图和装货单,向各舱口理货员布置工作任务,主要包括:所装货物的种类、卸货港名称、积载位置和衬垫隔票要求、装载顺序,以及理货工作中的注意事项等内容。

(2)向装卸指导员介绍装货注意事项,主要包括:船吊的安全负荷量和操作注意事项、所装货物的种类和吨位、积载位置和衬垫隔票要求,大宗货物要求做好定量关,小票货物要求

集中堆积,残损货物要求剔除等内容。

3.检查工作

主要是检查和指导装船作业,检查理货员的工作。

在装货过程中,理货长应经常巡视各作业舱口。了解装货进度,监督检查货物堆积和操作情况,制止违章作业,核查货物装舱积载和衬垫隔票是否符合配载图的要求,协助工人联系船方解决装货中的各种问题,检查监督理货员坚守岗位,正确理数交接的情况,及时处理理货工作中发生的各种问题,落实船方对装舱积载或理货工作的意见,掌握货物的实际积载位置。

4.业务处理

在装船过程中,理货长的日常工作主要有:

(1)复核计数单和装货单

理货长收到理货员交回的计数单、装货单和其他有关单证后,首先检查计数单上填写的内容是否完整和准确,然后核对计数单和装货单的内容是否相符。

(2)销进度表

在复核计数单和装货单的基础上,销进度表,俗称销账。这是装船理货工作中很重要的一环,因为它是全船装货进度的综合反映,是绘制积载草图的依据,是确定出口总数的基础。

销进度表的目的是,全面掌握装船进度,了解各舱货物装舱积载情况,及时调整不合理的积载,配合港口生产部门完成作业计划,便于及时发现和解决理货工作中的问题。为理货结关工作做准备,确保理货工作质量。

(3)圈销载货清单

根据已装船的装货单,在货清单的件数栏上,画一个圆圈,在发货人栏上注明装舱位置,以表明该票货物已装船,发给理货员的装货单已收回。

通过圈销载货清单,可随时了解装船动态,掌握货物未装舱的存余票数,以便与发货人核对装货单已装船数和存余数,船舶离港后作为核查船公司查询单的原始资料。

(4)绘制积载草图

(5)交接班

为使接班理货长能详细了解装舱进度和理货工作情况,保持工作地点额连贯性和统一性,避免因交接不清而影响工作。

5.编制单证

(1)每工班结束,根据计数单填制日报单。

(2)根据装货单填制货物分舱单。

(3)根据积载草图绘制货物记载图。

(二)理货员

1.接收任务,领取装货单

船舶开工作业前,理货员应到穿上向理货长报到,接受理货长布置的工作任务,领取装货单。

领取装货单后,将附页抽出,按卸货港顺序、货物种类和性质、包装式样、积载要求,排列好装货的先后顺序,同时根据附页上注明的货物来源、堆放地点,尽可能把同一货位的装货单排列在一起,以便于仓库发货和工人发货。

2.凭单装船理货

从港口库场装船的货物,装船前,理货员凭装货单先到港口库场检查核对货物,然后,再将附页交给库场员,凭此发货装船;或将附页交给装卸工组凭此到库场提货装船。直装、现装货物,凭装货单收货装船。

在装船过程中,理货员在船上或船边凭装货单逐钩核对货物标志,点清件数,检查包装。

核对标志,主要是核对货物的主标志和卸货港名称。

检查包装,重点是检查货物包装是否完整,保障货物完整无损地装船。

3.监督装舱

在装货过程中,要指导和监督工人装舱积载和衬垫隔票。

装舱积载,主要是指导每批或每票货物的积载位置和堆码要求,尤其是班轮装货,更要严格按照船方要求指导装舱积载。

衬垫,主要是根据船方的要求和理货长的布置,将衬垫要求和衬垫物料来源通知工人。如事先需要船方验看的,应通知船方验看后再装船。

隔票,是理货员直接指导装卸工人进行的。凡下列情况需要进行隔票:

(1)不同卸货港的货物装完后,需要进行隔票,然后才能装其他卸货港的货物。

(2)不同转口港或选择港的货物装完时,需要警醒隔票后,才能装其他转口港或选择港的货物。

(3)同包装不同票的货物装完时,需要进行隔票后,才能装其他票的货物。

(4)船方要求隔票其他货物,隔票后才能继续装船。

4.编制单证

在装船作业过程中,理货员应按钩填制计数单,整票货物装上船时,应如实批注装货单。如发生理货待时,应填制待时记录。每工班结束后,应将填制的单证送交给理货长。必要时,装上船的装货单应及时送交理货长。

5.交接班

理货员的交接班有时是在装船作业过程中进行的,因此交接班的两个理货员应在理货岗位上进行交接。这就要求接班理货员应提前到理货岗位,交班理货员在接班人未到前,不能擅自离开理货岗位。为了确保交接班的顺利进行,避免发生差错事故,分清交接者的责任,交接班理货员应注意做好下列交接工作:

(1)交清已装船、未装船和正在装船的三种装货单,尤其是破票的装货单要当面交接清楚还未装船的剩余件数及有关情况。

(2)同时要交接清楚未装船装货单的装船顺序和装舱位置以及它们的衬垫票要求。

(3)如有破损货物,要交接清残损货物的装货单编号、件数、存放地点和处理情况。

(4)直装、现装货物,要交接车、驳情况和有关资料等。

(5)为使交接班的情况有案可查,应备有交接班纪录簿。

三、装船结束后工作

(一)理货长

一般要求在装船结束后2个小时内,完成全船的所有理货工作,特殊情况除外。这对理货长来说,是一项艰巨的任务,时间短,收尾工作多,受客观因素影响比较大,因此,要求理货长应提前做好结关准备工作。在2小时内要完成一般事务、编制单证和船方签证三项任务。

1.一般事务

(1)检查和整理好所有理货单和其他有关单证资料。

(2)检查和处理好最后一批装货单。

(3)复核装船货物的总件数和总重量,复核装船货物的分港数和分舱数。

(4)复核退关的装货单编号和货物数量。

(5)向港口库场了解有否遗漏货物,残损货物是否全部装上船。

(6)向各舱理货员了解装货结束时间和其他有关事宜。

2.编制单证

(1)填制最后一份日报单和待时记录。

(2)编制完货物分舱单和理货证明书。

(3)完成货物积载图的绘制工作。

3.船方签证

在完成上述各项工作的基础上,提请船长或大副签认最后一批装货单、理货证明书和货物积载图等单证。

签字结束后,理货长应携带所有单证资料以及理货用品离船。然后将全船的单证资料整理好,交主管部门,并汇报有关情况。

(二)理货员

在装船结束后关闭船舱完成时,为装货结束时间,理货员要做好记录。

在装货结束后,理货员应检查库场、道路等作业现场,联系库场员,防止货物漏装。

填制完最后几张装货单和计数单,办完货物交接手续后,立即送交理货长,且汇报装货结束时间和有关情况,然后听候理货长的安排。

学习任务三　集装箱船卸船理箱卸船操作

知识目标

1　了解卸船作业流程。

2　了解卸船前及卸船后的准备工作。

3　掌握卸船理箱。

技能目标

1　能够运用理论知识进行集装箱船舶卸船模拟操作。

实训模式

1　任务训练分小组进行,形成小组竞赛。

2　案例分析,通过对案例的分析,加深对集装箱船舶卸船的理解。
3　建议采用讲授与案例分析、情境模拟相结合的教学方式。

教学建议

本次学习的任务是掌握是集装箱船舶的卸船业务流程,可采用任务驱动、流程模拟,使学生明确卸船工作岗位的职责,实操技能得到较快提高。

[案例引入]

第四代全自动化港口装卸系统落户厦门

中交集团振华重工已经与中远太平洋、厦门海投在京签约,这标志着由中国企业自主研发的全球首个第四代全自动化港口装卸系统将落户中远厦门远海集装箱码头。港口设备自动化项目建成后,远海港口将成为技术领先、零排放和智能化的港口,在原设计能力的基础上增加20%~40%的吞吐能力。

据振华重工董事长宋海良介绍,目前,我国都还是传统的集装箱码头,生产作业中受到人为因素、天气因素、安全事故、人工成本高等因素影响。随着经济全球化和区域经济一体化进程加快,集装箱运输得到迅速发展,集装箱码头面临吞吐量急剧增长的压力。

全自动化港口装卸系统由振华重工自主研发的中央控制室计算机控制,是真正意义上的无人化全自动化港口系统。两年内,该港口将投入使用并树立全球全自动化港口装卸系统的升级换代标准。该港口的特点是,取消了传统的由内燃机驱动的水平运输方式,将港口装卸完全置于轨道上,用电驱动来实现,从而解决了噪音大、排放超标、污染环境等问题。

[知识链接]

一、卸船作业流程

（1）船到达指定泊位;
（2）船上理货员指挥装卸桥卸箱(即具体卸哪个箱,指明位置);
（3）船上理货员核对箱号,船上工人负责验箱;
（4）如果是卸甲板上的集装箱,则在卸箱前,船上工人应负责打开旋锁及解开捆绑装置;
（5）装卸桥司机在桥下工人指挥下将箱卸在桥下的拖车上,如果箱底下带有旋锁,则在箱卸在拖车上之前,桥下工人应负责迅速拆除集装箱四个角上的旋锁,并保管好;
（6）外轮理货员核对箱号、封条号码;
（7）桥边理货员核对箱号,并将有关箱的资料输入电脑,然后告诉拖车司机将箱拖到堆场指定位置卸箱;
（8）拖车司机拖箱到堆场指定位置卸箱后返回到装卸桥下,重复上述过程,直至行箱位图上标明的集装箱全部卸完为止。

在实际操作中,因为有几台装卸桥同时作业,而拖车则有几十辆,为了不致造成混乱,在组织生产时,通常会将拖车分组平均分配给不同的装卸桥。这样各拖车有自己明确的装卸目标,不会出现一台拖车在不同吊桥下混合装箱的情况。

二、卸船前的准备工作

船舶到港前 24 小时,船舶代理人应将进口舱单、分舱单、记载图、危险品清单、重件清单等有关单证资料送交理货机构。货方代理人应将进口货物的详细资料送交理货机构。理货机构根据进口舱单和进口货物有关资料制成若干份分标志单(又称分哎单)、一份销账进度表和一份流向单,交给登轮的理货长使用。

(一)理货长

理货长收到单证资料后,着手进行下列准备工作:

查阅和整理单证资料,联系港口调度和库场,了解船舶停靠泊位、时间、卸船作业计划、货物流向或库场货位安排。着重掌握以下情况:

(1)船舶性质和国籍。
(2)货物的来源和装货港;各舱货物的种类、性质、数量和积载情况。
(3)卸船作业计划,货物现提数量和流向,进港口库场的数量和堆存地点。
(4)对成套设备、重大件、危险品、贵重品等特殊货物的卸货安排、装卸工艺、安全措施、注意事项和对理货工作的要求等。
(5)主管部门对理货工作的指示和要求。
(6)在交班簿上填写各舱的重点货种、注意事项、交接方法和验残要求等内容。

船舶靠泊后,理货长登轮向船方大副了解有关情况:

(1)装货港装货时的天气情况、装卸工艺、操作方法、理货方法,有无数字争执和退关,有无残损批注和保函等。
(2)船舶在航行途中的天气情况,有无海事报告等。
(3)船舶在中途港的装卸、理货情况,过境货的隔票情况,备用袋的存放位置。如装有车辆,要索取钥匙。
(4)了解舱内货物的积载、隔票情况。
(5)商定原残货物的验残方法和要求。
(6)征求对理货工作的要求和卸货的注意事项。
(7)尽可能借阅装货单和装货港的理货单证。

理货长要向船方了解的情况,记录在交接簿内,对重大问题,应及时向主管部门汇报。

(二)理货员

根据港口安排的船舶昼夜作业计划,理货机构指派理货员,召开船前会,介绍船舶任务。理货员接到工作任务后,准备好登轮理货的用品和空白的理货单证,登陆后向理货长报到,接受工作部署。

(1)领取卸船理货资料——分标志单和分舱单等。
(2)了解本舱口货物的种类、票数、积载和隔票等情况。
(3)掌握理货交接方法、残损货物验残要求等。
(4)掌握对理货工作的要求和装卸的注意事项。

理货员接受工作部署后,应下舱查看货物积载和隔票情况,检查货物包装和舱内设备是否良好。如发现异常和问题,应立即向理货长汇报或通知船方值班人员验看。

理货员应向装卸工组介绍卸货注意事项,提出配合理货工作要求,如按票起卸,验残要求,做好定量钩等。

三、卸船理箱

(一)理货长

1.布置任务

(1)向理货员

①介绍舱内所装货物的种类、性质、积载和隔票情况。

②介绍船方对原残货物的验残要求。

③要求一旦发现混票和隔票不清现象,应通知船方验看,做好现场记录,取得船方签认后,再卸货。

(2)向装卸指导员

①介绍舱内货物的种类、性质、票数和积载隔票情况。

②介绍残损货物的验残要求,要求工人发现原残货物应立即通知理货员,未经理货员处理,不得随意搬动;要求对工残货物,能实事求是地签认理货员编制的工残记录。

③要求装卸工组必须按票起卸,配合理货员做好分票工作。

④要求装卸工组在卸精密仪器、使领馆物资、展览品等贵重货物时,要轻拿轻放,注意货物倒置标志;卸大宗货物,要做好定量钩。

⑤要求发现混票或隔票不清现象,要及时通知理货员,经理货员处理后,再起卸。

2.检查工作

主要检查和指导卸船作业,检查理货员的工作。

在卸船过程中,理货长应经常巡视各舱,了解卸船进度,监督和检查卸货质量,制止违章作业。检查理货员的工作岗位和理货交接情况,及时处理工作中发生的各种问题。

(1)指导理货员解决验残、混票等船方签证方面的困难。

(2)协助理货员解决货物交接中的争议问题。

(3)将船方提出的合理要求,及时通知装卸指导员。

(4)协助工人联系船方解决起落吊杆、起货机故障、安装照明设备等问题。

(5)协助工人联系船方指导起卸重大件、危险品和困难作业的货物。

3.业务处理

每工班结束后,理货长要将各舱理货员交来的计数单进行复核,且根据计数单在销账进度表上进行销账。

在工班结束时,理货长要办理交接班手续,做好交接工作:

(1)交资料:交班理货长要将所有单证资料向接班理货长交接清楚。

(2)交情况:主要叫卸货进度、全船理货数字、货物残损情况、向船方了解的情况、卸船理货注意事项等内容。

(3)交问题:交工作中发生的各种问题,以及处理情况和交接情况。

上述交接内容,除了口头交代清楚外,还要将一些重要内容记录在交接簿上。

4.编制单证

同装船理货一样,每工班结束后,同样要编制日报单。

(二)理货员

卸船理货过程中,理货员的主要工作是:凭分标志单进行分票、理数;处理原残和工残货物;处理混票货物和附加理货货物;处理理货与港口库场或收货人及其代理人办理货物交接手续等。

理货员在工作中要编制计数单、现场记录和待时记录等单证。

在交接班时,理货员交接内容有:

(1)交资料:交班理货员应将本舱口的单证资料交给接班理货员。

(2)交情况:交卸货进度及所卸货物的提单号、货种、件数、货垛位置;交舱内隔票和积载情况;交现提车、驳情况。

(3)交要求:交分票、理数、验残要求;交指导工人按票起卸要求;交办理货物交接手续要求等。

四、卸船结束后工作

(一)理货长

卸船结束后,一般也要求在 2 小时内完成全船的理货工作,特殊情况除外。在这短短的 2 小时要完成一般事务、编制单证和船方签证三项任务。

1.一般事务

(1)检查和整理好所有理货单证和其他有关单证资料。

(2)复核卸船货物的总件数和残损货物数量和内容。

(3)向各舱理货员了解有否漏计和漏卸货物;了解卸货结束时间等。

(4)与港口库场核对全船理货数字,与收货人或其代理人核对现提货物数字。

(5)最后确定卸船货物的溢短数字和残损货物数字和内容。

2.编制单证

(1)填制最后一份日报单和待时记录。

(2)编制理货证明书、货物残损单和货物溢短单。

3.船方签证

在完成上述各项工作的基础上,提请船长或大副签认理货证明书、货物残损单和货物溢短单。

(二)理货员

签证结束后,理货员应检查舱内、甲板、道路、库场等作业现场,防止货物漏计和漏卸。填制完最后一份计数单,办完货物交接手续后,即送交理货长,且汇报卸货结束时间和有关情况。然后听候理货长的安排。

项目七　集装箱码头货运站业务

学习任务一　集装箱货运站业务

知识目标

1. 掌握集装箱码头货运站业务。
2. 了解集装箱使用前准备与检查。
3. 了解特殊货物的集装箱装载。

技能目标

1. 能够运用理论知识进行集装箱货运站的模拟业务操作。
2. 能对货运站的不同集装箱货物的装载方式进行分析和应用。

实训模式

1. 案例分析,加深对集装箱货运站货物装载安全性的认识和理解。
2. 建议采用讲授与案例分析、情境模拟相结合的教学方式。

教学建议

1. 任务训练可按项目进行。
2. 部分训练需要在实际企业进行,教师必须提前确定好实训场地,联系相关专家。
3. 本次学习可采用项目驱动、流程模拟,使学生明确各类集装箱货物在货运站装载中的流程和自己的工作岗位职责,实操技能得到较快提高。

[案例引入]

集装箱货运事故应用案例

绥化站发桦南站复合肥料一车,1200件,重量60t,保价20万元,专用线自装。到达桦南站卸车前检查,该车苫盖自备篷布一块,捆绑无异状,装载未起脊,卸载时发现运行方向前部篷布顶部被割0.8m长,篷布破口处下凹。即通知公安会同卸车,卸载时篷布被割处货物装载下凹,同时发现运行方向后部篷布顶部不均匀分布着8个小洞,掀开该块篷布,发现小洞下货物有湿损,实卸化肥1180件,其中200件均存在着不同程度的湿损。当即编制货运记录送查。湿损货物统一按1.5元/kg降价处理。根据发票,该批货物每公斤2.5元,税款

17%,包装费每件 2.5 元,已产生的短途运输费用 800 元。

(1)本案如何划分托运人与承运人各自的责任?
(2)如何计算收货人货物的实际价值和货物实际经济损失金额?
(3)铁路内部各单位应承担的经济损失金额?请提出理由和依据。
(4)该案湿损,收货人承担有困难,要求按保价金额赔偿,应如何处理?请提出理由和依据。

[知识链接]

一、集装箱货运站概述

(一)集装箱货运站概念

集装箱货运站(Container freight Station,即 CFS)是集装箱公路运输系统的重要环节,起着独特的重要作用。在集装箱运输中,以 FCL 方式运输的,需要装箱和拆箱两个作业环节;以 LCL 方式运输的,在发货地需要把不同发货人的货物拼装入一个集装箱,或在收货地把同一集装箱不同收货人的货物拆箱分拨。集装箱货运站就是以装箱、拆箱和集拼、分拨为主要业务的运输服务机构,同时提供集装箱公路运输、箱务管理、报关报验、洗箱修箱等其他集装箱运输的相关服务。

(二)集装箱货运站分类

集装箱货运站按其地理位置可分为内陆货运站和港口货运站两类。内陆货运站通常设在内陆交通发达、货源充足的地点,配备必要的装拆箱机械、场所和堆存保管货物的仓库,成为集装箱公路运箱的集散地。港口货运站一般设在港口地区,作为港口多元化服务的一个组成部分。港口货运站又可分为港内和港外货运站两种,港内货运站也称港口货运站,其业务范围受港口面积的制约,对陆域面积不足的港口,主要提供 CY 交接条款为货主或内陆承运人提供装箱、拆箱服务(图 7-1)。本节所介绍的,即为港口货运站的装、拆箱业务。

(三)集装箱货运站功能

(1)对进口是 CFS 交货条款交货的集装箱,安排拆箱进库、保管、发货;
(2)对进口是 CY 交货条款的集装箱,客户要求拆箱,进行车提、落驳、装火车提货的集装箱,安排拆箱装汽车、驳船、火车;
(3)客户要求出口货物在港口装箱出口的,安排货物的进栈、装箱;
(4)对库存的货物进行保管、管理及有关统计管理。

(四)集装箱货运站架构与职责

(1)出口部(出口单船操作);
(2)箱管部(空箱管理、闸口管理);
(3)技术部(冷箱 PTI、空箱维修);
(4)仓储部(仓库管理、拆装箱);
(5)客户服务(业务)部(客户服务、货源组织、市场调查);

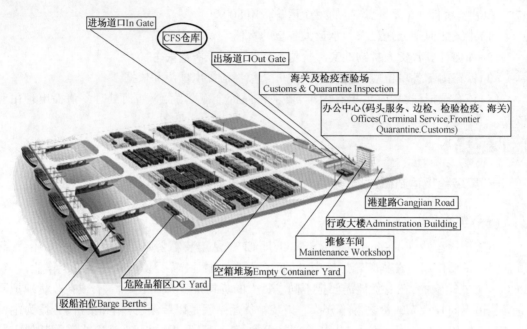

图 7-1 货运站位置示意图

(6)调度室(机械管理、车辆调度、车辆维修);
(7)财务部(费收核算、收费、财务状况分析)。

二、集装箱码头货运站业务

(一)集装箱货运站业务流程

1.拆箱提货业务

集装箱码头货运站的拆箱提货业务包括 CFS 交接条款的拆箱提货和 CY 交接条款的拆箱提货业务,其作业内容基本相同,主要有拆箱、库存、受理和提货等作业环节。所不同的是 CFS 交接条款是港口受承运人委托,代表承运人拆箱;CY 交接条款是受货主或内陆承运人委托,代表货主拆箱。

(1)拆箱

CFS 交接条款由港口拆箱的,或 CY 条款由于收货人无整箱提运能力或其他原因要求港口拆箱的,由港口控制室根据拆箱计划,安排机械将要拆箱的进口重箱移入港口 CFS 拆箱区。拆箱前,港口 CFS 人员和外理人员应先共同核对箱号、检验箱体和封志,再由港口人员拆箱、外理人员理货。双方对拆箱的货物进行清点检验,如有货损、货差或短缺,由外理出具货物残损记录,以区分拆箱前后的责任。拆箱完成后,由外理编制理货清单,作为供收货人提货的依据。拆箱结束后,应及时将空箱清扫后移入港口指定的空箱箱区。

(2)库存

拆箱的货物应及时入库,根据货物的票数、重量、尺寸、包装等特性,选定合适的仓库货位,进行合理堆码。为便于保管和发货,通常还按票制作桩脚牌,由于该票货物正面明显之处。桩脚牌上注明船名航次、提单号、货名、件数、包装、重量、唛头和进库日期等信息,以便识别。货物入库后,应即时将货物信息输入计算机,保证每一票货物账货相符。对于危险货物、贵重货物应设有专门管理制度,保证货物安全无损。为了加强库存管理,一般CFS仓库还实行定期盘点制度,对超期堆存的无主货,按规定及时处理,以保证CFS仓库的有效周转。

(3) 受理

收货人或内陆承运人办妥进口报关报验手续后,凭提货单到港口受理台办理提货手续。受理台人员审核提货单无误、收取港口有关费用后,开具提货凭证交收货人或内陆承运人,并将提货作业计划按票输入计算机,由计算机通知港口CFS仓库作好发货准备。

(4) 提货

收货人或内陆承运人提货的方式主要为公路运输,此外还包括内河水运和铁路运输,因此集装箱码头受理提货申请后,根据提运方式的不同,分别编制车提、落驳和装火车的作业计划,以按不同出库去向操作。对于车提作业的,港口CFS仓库应先审核收货人的提货凭证,并核对桩脚牌上的船名航次、提单号、货名、件数等内容是否一致,然后按件与收货人当面清点、验货交接。提货作业完成后,由仓库人员根据实际发货制作出门证交收货人,收货人凭出门证提运货物驶离港口。对于落驳作业的,仓库人员也应先核对落驳计划与桩脚牌注明的信息,然后按落驳计划发货出库,在船边由港口人员与驳船船员当面清点、验货、装船。对于通过港内铁路运输的,仓库人员则根据装火车计划核对后依次发货出库,由港口人员与铁路人员在车皮边当面清点、验货、装车。港口CFS提货作业结束后,仓库人员应及时将货物出库信息输入计算机,以保证货物与记录的一致性。

2. 装箱出口业务

集装箱码头货运站的装箱出口业务,也包括CFS条款和CY条款两种情况,其作业内容主要有受理、入库、装箱和出运等内容。

(1) 受理

发货人根据所托运的船名航次的船期,完成备货和出口清关后,向港口受理台申请货物进库,受理台人员审核装货单并收取有关费用后,开具入库凭证交发货人,并将作业计划输入计算机,由计算机通知CFS仓库作好入库准备。

(2) 入库

港口CFS仓库人员根据入库作业计划,作好货位安排准备。发货人将货物散件送仓库,仓库人员核对入库计划与入库凭证,双方当面清点、检验、交接货物,交接完成后由仓库人员按实际情况出具仓库收据交发货人。仓库人员根据货物的提单号、货名、种类、包装、件数、尺寸、重量等不同特性对货物进行合理堆码并作好桩脚牌。入库工作结束后,仓库人员应及时将货物信息输入计算机,做到账货一致。

(3) 装箱

港口集装箱货运站人员根据装箱计划核对桩脚牌,并根据货物的不同特性,选定合适的集装箱箱型和尺寸,按照装箱的技术规范合理装箱。装箱时由外理负责理货,双方对装入箱子的货物进行清点、检验,如有异常应由外理作好记录,以区分装箱前后的责任。装箱完成后,由港口人员如实填制集装箱装箱单,并在海关监管下施封。需要注意的是,对于CFS条款装箱的,应注意避免各票货物之间不会因物理化学性能造成货损,同时各票货物不仅为同一船名航次,而且应为同一目的港。出库装箱完成后,仓库人员应及时将作业信息输入计算机,以保持仓库的货物与记录一致。

(4)出运

装箱完成后,港口安排将重箱及时移入出口箱区,配载人员完成船舶配载后,按船名、航次和船期组织装船出运。

(二)集装箱货运站装箱业务

集装箱的装箱作业一般有三种方法,即全部用人力装箱;用叉式装卸车搬进箱内再用人力堆装,全部用机械装箱。

1.装箱前集装箱检查

分为集装箱外部检查、内部检查、箱门检查、附件检查及清洁状态检查,具体内容如集装箱码头闸口集装箱检查内容。

2.货物装箱注意事项

(1)在任何情况下所装载的货物重量不能超过集装箱的最大载货重量。

(2)装载时要使箱底的负荷均衡,不要使负荷偏在一端或一侧,特别是严格禁止负荷重心偏在一端的情况。

(3)要确切掌握集装箱的内部尺寸和货物的外部尺寸,用科学的方法计算出装载件数,尽量减少弃位,多装货物。

(4)要注意包装上有无"不可倒置"、"平放"、"竖放"等装卸指示标志。

(5)冷藏箱严禁在通电情况下开门装货,箱内货物高度不得超过红线标志,货物距箱门应留有0.5m左右的间隙。

3.特殊货物的集装箱装载

(1)冷藏(冻)货装载要求

装载冷藏(冻)货的集装箱应具有供箱人提供的该集装箱检验合格证书。货物装箱前,箱体应根据使用规定的温度进行预冷。货物装箱时的温度应达到规定的装箱温度,温度要求不同或气味不同的冷藏货物绝不能配入一箱。运往一些宗教(特别是伊斯兰教)国家的集装箱货,不能把猪肉与家禽、牛羊肉配装在同一箱内。货物装载过程中,制冷装置应停止运转;注意货物不要堵塞冷气通道和泄水通道;装货高度不能超过箱中的货物积载线;装完货关门后,应立即使通风孔处于要求的位置,并按货主对温度的要求及操作控制好箱内温度。

(2)危险货物装载要求

集装箱内装载的每一票危险货物必须具备危险货物申报单。装箱前先应对货及应办的手续、单证进行审查,不符合国际危险品运输规则规定的包装要求或未经商检、港监等部门认可或已发生货损的危险货物,一律不得装箱。危险货物一般应使用封闭箱运输,箱内装载的危险货物任何部分不得突出箱容。装箱完毕后应立即关门封锁。不得将危险货物与其他性质与之不相容的货物拼装在同一集装箱内。当危险货物仅占箱内部分容积时,应把危险品装载在箱门附近,以便于处理。装载危险品货物的集装箱,至少应有4幅尺度不小于250mm×250mm的危险品类别标志牌贴在箱体外部4个侧面的明显位置上。装箱人在危险货物装箱后,除提供装箱单外,还应提供装箱证明书,以证明已正确装箱并符合有关规定。装载危险货物的集装箱卸完后,应采取措施使集装箱不具备危险性并去掉危险品标志。

(3) 超尺度、超重货物的装载

超高货物:一般干货箱箱门有效高度是有一定范围的(20ft 箱为 2135~2154mm;40ft 箱子 2265~2284mm),如货物超过这一范围,则为超高货。超高货物必须选择开顶箱或板架箱装载。超高货物装载集装箱时,应充分考虑运输全程中给内陆运输(铁、公路)车站、港口、装卸机械、船舶装载带来的问题。内陆运输线对通过高度都有一定的限制(各国规定不甚一致),运输时集装箱联同运输车辆的总高度一般不能超过这一限制。一般来讲,装有超高货物的集装箱联同货物的总高度在 2591mm+21mm 之内时,则需向有关部门提出申请,待批准并采取一定措施后方可运输,否则装载是没有意义的。

超宽货物:超宽货物一般应采用板架箱、平台箱运输。集装箱运输允许货物横向突出(箱子)的尺度要受到集装箱船舶结构(箱格)、陆上运输线路(特别是铁路)允许宽度限制,受到使用装卸机械种类的限制(如跨运车对每边超宽量大于 10cm 以上的集装箱无法作业),超宽货物装载时应给予充分考虑。

超长货物:超长货物一般应采用板架箱装载,装载时应事先征得船公司的同意。

超重货物:集装箱标准(ISO)对集装箱包括货物总重量是有明确限制的,20ft 箱为 20.32t(20 长吨)或 24.00t,40ft 为 30.48t(30 长吨),所有的运输工具和装卸机械都是根据这一总重量设计的。货物装入集装箱后,总重量不能超过上述规定值,超重是绝对不允许的。

(4) 其他货物的装载

液体货物:液体货物采用集装箱运输有两种情况。一是装入其他容器(如桶)后再装入集装箱运输,在这种情况下货物装载应注意的事项与一般货物或危险货物(属危品)类似;二是散装液体货物,一般需用罐式箱运输。在这种情况下货物散装前应检查罐式集装箱本身的结构、性能和箱内能否满足货物运输要求,应具备必要的排空设备、管道及阀门,其安全阀应处于有效状态。装载时要注意货物的比重(密度)应和集装箱允许载重量与容量比值一致或接近。在装载时如需要加温,则应考虑装货卸货地点要有所需的热源(蒸汽源或电源)。

动、植物与食品:运输该类货物的集装箱一般有密闭和非密封式(通风)两类,装载这类货物时应注意,货物应根据进口国要求,经过检疫并得到进口国许可。一般要求托运人(或其代理人)事先向港监、商检、卫检、动植物检疫等管理部门申请检验并出具合格证明后方可装箱。需作动植物检疫的货物不能同普通货装在同一箱内,以免熏蒸时造成货损。

(三) 集装箱货运站库存管理

1. 货物堆放标准

(1) 对堆码垛型的一般要求

①堆码稳定——不会倒塌;

②堆码整齐——易清点件数、不易混票;

③作业方便安全;

④合理使用仓库,有效利用空间;

⑤大不压小、重不压轻、木箱不压纸箱;

⑥危险货物与普通货物分堆,性质互抵货物不能同堆。

(2) 对货物堆码的原则

①无掉件、倒塌事故隐患;

②堆码方式便于分票计数；

③垛形外观成行成线；

④易湿货物盖垫严密；

⑤互忌货物隔离堆放。

(3)货位安排原则

①先里后外；

②大票固定,小票机动；

③同一收货人的同类货物集中堆放；

④在安全前提下,货垛向空间发展；

⑤有柱子的仓库应包柱子堆放,不把柱子留在垛距中或扩大垛距。

(4)货物保管作业

①健全台账制度,定期盘点；

②防止盗窃破坏事件发生；

③做好防火工作；

④做好防汛、防台工作；

⑤管理好地脚货、超期货；

⑥妥善保管危险、贵重等特殊货物等。

2.库存管理主要事项

(1)仓管人员、财务人员共同参与。对于盘点的实际库存数签字确认,并据以入账,建立一份账实相符的明细库存账簿。

(2)入库与发货:对于商品的入库发货由仓管人员亲自盘点签字确认后,交由财务入账。财务只负责入库单、发货单及账面余额上的数据相符,对于实际库存量则由仓管人员负责。如出现盘亏,经查实无账务记录错误,则责任由仓管人员负责。

(3)对于入库盘点时发现的破损物件应单独列出,在单据上反映出来,以便财务登记入账,也方便与供应商进行联系,以减少损失,避免出现仓管"背黑锅"的现象发生。

(4)入库单与发货单的处理:对于入库单或者发货单应及时交往财务处进行登记记录,以确保财务处能及时向领导提供最新最真实的库存数额,便于领导者的管理及统筹安排。

(5)定期盘点:对于仓库实际存货数应定期盘点,以免出现账实不符,导致供货短缺情况,同时也能起到督促仓管人员的作用。

(6)对于盘点时出现的短缺情况应分清人为或不可抗力等因素进行处理,人为的则应计入应收账款由损坏者或仓管负责赔偿,不可抗力因素导致的则计入营业外支出。

(7)对于本次盘点存在的短缺则计入营业外支出,现有的亏损物品应分清是否可以调换计入应收账款或营业外支出。

(8)财务部门应据本次盘点结果,如实记录盘点数额,对于产品则需分货号详细记录,以免出现同类不同号产品数量的混淆,影响领导者的决策及公司产品销售。

(四)集装箱货运站出口船单操作

(1)接受"S/O",核对场地空箱情况,将"S/O"信息录入电脑堆场管理系统；

(2)发空箱、设备交接单、铅封,进行空箱交接,信息录入系统；

(3)填写"空箱出场报表",发送船公司;

(4)重箱回场交接,卸下重箱、收回"装箱单";

(5)装箱单信息录入系统,发送"海关有货信息";

(6)接受集港计划,组织机械准备集港;

(7)核对放行信息,制作装船清单;

(8)接受外理公司制作的"入港单";

(9)箱边理货、重箱集港;

(10)办理退关业务、制作"单船装船清单"、单船资料归档;

(11)费收核对、制作账单、确认收费。

项目八　集装箱中控室操作

学习任务一　中　控　室

知识目标

1　了解集装箱码头中控室。
2　掌握中控室工作职责和流程。
3　了解船边理货的操作流程。

技能目标

1　能够运用理论知识进行集装箱中控室的模拟操作。
2　能对集装箱码头的各类调度作业、堆场作业、理货作业流程进行优化分析。

实训模式

1　案例分析,通过对中控室应用案例的分析和现场参观学习,加深对集装箱码头中控室的理解。
2　建议采用讲授与案例分析、情境模拟相结合的教学方式。

教学建议

1　部分训练需要在实际企业进行,教师必须提前确定好实训场地,联系相关专家。
2　本次学习任务采用工作过程驱动、模拟流程,明确中控室工作岗位职责,使学生通过参观、学习和模拟各类工作流程,实操技能得到较快提高。

[案例引入]

20 万吨港口中控室应用案例

防城港 20 万吨港口中控室(图 8-1)属市级重点工程,全部采用现代化监控系统,该工程施工时间短,工程技术质量要求高,公司采用全新的设计理念,天花板采用全金属吊顶,墙面采用龙骨加贴铝塑板以达到隔音效果,地面采用全钢防静电地板,整体效果达到预期目的,顺利通过验收。得到了领导的好评。

集装箱中控室操作 项目八

图 8-1　集装箱码头中控室

[知识链接]

一、集装箱码头中控室

1. 概念

中控室在整个港口的现场作业起着一个操控作用,主要的流程包括船舶作业,收发箱,杂项与堆场整理。中控室是集运中心生产操作的指挥中心,其指挥和应变力度直接关系着现场作业的正常运转,责任重大(图 8-2)。

图 8-2　中控室操作现场

2. 作用

指挥,监督,协调,控制港口船舶作业计划的执行,组织和落实各项生产计划。

3. 操控内容

(1)集装箱进出港口和堆场作业。

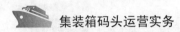

(2)装卸机械、搬运机械、对码机械的调配。
(3)船舶靠离泊位、船舶装卸作业。
(4)操作中的工作安排。

二、中控室工作职责和流程

(一)堆场策划员的工作职责和流程

堆场策划员的主要工作职责是根据堆场策划原则负责集装箱箱区的功能规划,制定进出场集装箱的堆场计划,以生产作业情况为基础对堆场计划实时进行修改,使集装箱计划符合高效率、低成本的营运要求,并对堆场计划的执行情况进行监督和纠正。其工作流程包括:(1)卸船计划。(2)重箱策划。策划员根据船舶计划、航线走向、堆场堆放情况及机械作业状况安排重箱堆场计划。若是有特种箱进口,应编制特种箱进场计划;若是有指定箱进口,应编制指定箱进场计划;若是有倒箱作业,但没能及时输入系统的,策划员应该根据倒箱情况及时安排好人工计划,并布置给船控员。当作业过程中因作业矛盾、机械故障、箱子残损等各种原因需要修改计划时,策划员应第一时间安排新计划,并及时将计划的变化转告船控员。(3)空箱策划。策划员根据船舶计划、箱种流量、先进先出原则及机械作业状况安排空箱。

1. 堆场计划

在保证外贸箱先进先出原则的前提下,最大限度提高堆场使用率。若是有指定箱进口,应编辑进场计划;若是有倒箱作业,但没能及时输入系统的,策划员应根据倒箱情况及时安排好人工计划,并布置给船控员。

2. 重箱进场计划

策划员根据堆场情况和策划原则编制重箱进场计划,按同一船名/航次归类分港分吨堆放,尽量保证一条船一个位。重箱进场计划必须实时更新,当船舶进口后根据航线走向及时调整计划并安排归并,通过存量来机动控制计划位置,保持计划的适用性。若是有特种箱进场,必须增加特种箱指定进场计划。

3. 空箱进出场计划

内贸则按堆场需求策划,外贸则遵循先进先出原则策划。若是有指定箱或特种箱进场,策划员应编制指定箱或特种箱进场计划。调运空箱箱号提供后,策划员应及时更改进出场计划并对已提供的箱号进行布控,避免外提。

4. 归并移箱计划

装船结束后策划员应及时归并场位,特别是外贸出口重箱箱区。应考虑箱种流量、先进先出原则安排移箱计划。空箱厂区:根据堆场堆放情况,对堆场箱量较少的箱子及时进行归并。若是在提空箱子作业中出现换箱时,策划员应根据场控员的反馈信息,及时做好移箱工作。

(二)船控员的工作职责和流程

船控员的主要工作职责是负责船舶生产作业的控制、堆场机械资源的调配、机械故障信息的登记以及和安全生产指导员、配载员、策划员、场控员、港口交接员等的协调,负责船舶作业效率指标和节能降耗指标的落实,把握船舶作业的进度,并对船舶生产作业过程的准确合理性进行监督。

图8-3 堆场工作现场

1.工作流程

(1)装船作业

装船:作业交班时,先熟悉当班机械、司机安排情况以及拖车等有关作业情况,和上一班作好交接。做好作业线开工前的准备工作,要把整个港口的工作动态牢记在心。装船开工,先通知理货、机械司机、生产指导员到位,提前做好准备工作,与船方沟通好,问清装船信息。在无线终端监控界面,把无线终端信息发送给作业司机,并通知机械司机、拖车,到指定场位发柜及发柜到哪里。指挥拖车、机械司机进行现场作业,监督现场作业动态。发送无线终端信息时,要监督司机做完一个确认一个。班轮倒柜的信息,可以从计划给的班轮倒柜单上获得,如果没有给出,就重新找位倒箱,并由机械司机确认好场位。装船完毕后,核实一下集装箱是否已全部装船。根据船图和港口交接员传递的作业舱信息,将预配箱定位并发布指令,定位需根据集装箱箱堆放位置和堆场作业情况,并发布指令,不宜一次发布过多,限制在10~15个为宜。若是发生影响装船作业的问题,船控员应立即联系生产指导员予以解决。若有输入系统的倒箱作业,船控员应及时告知配载员安排输入,并在输入完成前控制暂不放箱。若在装船过程中发现破损箱时,船控员应及时通知箱管。若是有冷藏箱装船,船控员应及时通知特种箱管理员拔电。

装船作业结束前:①船控员应及时联系交接员核对箱数,确认无误后装船结束。②船控员在装船将要完成时,要提前通知生产指导员和值班主任,以方便办离泊手续。

(2)卸船作业

卸船作业的流程:①卸船开工,先通知船边、堆场理货、机械司机、生产指导员到位,提前做好准备工作。②发送终端信息(卸船时可以把信息一起发送出去)。③通知拖车到船边做卸箱到场,同时安排船边机械(装)和堆场机械(卸)进行作业。④回场时,船边理货指挥拖车进行作业,箱装车之后船边理货开始输入箱号进行船边确认,确认完毕,堆场便会收到作业信息,司机凭此信息进行作业,将柜卸掉。⑤若是有冷藏箱卸船,船控员应及时通知特种箱管理员通电,在冷藏箱分几批卸船时,本批卸完后应和特种管理员确认本批已卸完,待下批卸时再通知特种箱管理员。⑥若是有倒箱作业,船控员应及时告知策划员安排卸箱计划,并做好手工卸箱记录,和交接员核对后提供给配载员输入系统。⑦若是在卸船过程中发生机械、作业上任何问题影响卸船较大时,应与场控员或策划员协调机械调配和计划更改等事项。

卸船作业前:①船控员应和配载员及时联系,掌握船舶动态,获得卸船清单和船舶图,若是卸船清单中有冷藏箱、危险品箱和框架箱时,船控员应告知交接员和生产指导员。②卸船前查看计划场位,确保卸船场区能够顺畅作业。若是发现存在影响卸船计划执行的问题时,船控员应立即联系生产现场予以解决或告知策划员对卸船计划作出适当的调整。③根据港口船舶作业路数,合理安排场内机械配合使用,原则上以一对一,机械紧张时和场控员进行协调,如船舶作业将受到较大影响,应将情况反映给值班主任。

2. 注意事项

(1)船舶靠泊期间,通知各作业人员做好开工前准备,中控与调度应密切合作,并在作业中严密监督。

(2)与现场指导员、船边理货、堆场理货进行作业沟通,并发送终端信息给机械司机,装卸船司机凭终端信息进行作业。

(3)进行装卸船作业时,遵循按贝位发柜的原则,一个贝位一个贝位地发送终端信息,中控监督司机做完一个确认一个,如遇到船方挑柜装卸,应该及时与现场指导员、船边理货、堆场理货协调好,合理安排作业。合理调配船边、堆场机械,确保作业线作业流畅。

(4)如果遇到特殊作业,如:卸船要全部过磅的,先通知拖车过空磅,然后再到岸边拉柜过磅回场。

(5)在进行装卸船作业时,如果同时开两条线、三条线,在发送无线终端时应合理安排好作业顺序。重点船要优先作业。司机在作业过程中,一定要将每个箱信息用无线终端进行如实确认,如果出现无线终端无信息或堆场场位不正确,应及时通知中控,及时处理并做好记录,安排堆场,以确保堆场贝位信息的准确性。

3. 收发箱

(1)发箱

①根据中控动态监控界面(闸口的车辆进出记录)指挥机械。②根据电脑信息指挥空重叉车到指定场位进行发箱。③出闸口检查箱号箱体是否满足提箱要求。④不满足提箱要求的要换箱,指挥机械将原箱卸回原场位,原箱回场时要先进行电脑确认,然后选择同等条件的箱中容易作业的箱进行更换。⑤出闸。

(2)收箱

①根据中控动态监控界面(闸口的车辆进出记录)指挥机械。②根据电脑信息指挥空重叉车到指定场位进行卸车。③看计划场位与实际场位是否相符。④如计划场位已占用,就指挥机械倒开原箱在系统监控图形中进行移箱处理。⑤如计划位前有其他待卸箱场位就先

等待前面的车辆卸箱到位。⑥指挥机械按原计划场位卸箱。

(三)船边理货的操作流程

船边理货操作流程包括卸船流程和装船流程：

1. 卸船流程

(1)船边理货员应向中控索要本作业线的拖车数量及车号,并跟踪到位,把对讲机调到指定的频道。将拖车叫到岸边等候作业。作业时,船边理货员应指挥好拖车的跑位,如需要改场位,及时通知司机。

(2)卸船作业时船边理货员认真核对箱号(11)位、箱型、尺寸、空重。卸重柜必须检查有无封条,如是危品柜需检查箱体四周危标是否齐全,等级是否与作业单相符。如发现不符时应及时通知指导员和中控等候处理,并做好记录。

(3)出现箱号与作业单上不符,及时通知理货领班联系中控,经同意进场后,方可进场,并在作业单上注明溢短卸箱号,箱型、尺寸、空重,同时在驳船作业报告单上填写溢短卸箱号,并送给单证计划,计划确认后,终端机上才能确认。

(4)船边理货员认真检查箱体四面一底有无破损,凹凸变形等异常情况。发现问题及时通知中控,在作业单上注明残损情况,并写好驳船作业报告单。

(5)无问题,就在终端机上输入箱号,确认进场。

(6)驳船作业报告单要给外理签字。每天早上交驳船作业报告单给单证计划。

2. 装船流程

(1)作业前,船边理货应与中控索要本作业线的拖车数量及车号,并跟踪到位,把对讲机调到指定的频道。将拖车叫到岸边等候作业。作业时,船边理货员应指挥好拖车的跑位,如需要改场位,及时通知司机。

(2)装船作业时船边理货员认真核对箱号(11位数),并将箱号输入终端机确认,同时在作业单上确认该箱号,如发现不符时应及时通知指导员和中控等候处理,并做好记录。

(3)发现箱号与作业单上不符,及时通知理货领班联系中控,经同意后,方可装船,并在作业单上注明,最后将此箱号输入终端机。

(4)如船方发现箱体有问题,在装船作业单上记录残损上报中控。

(5)装船作业完工后如无异常,要问中控是否已作确认。堆场理货的操作流程也包括卸船流程和装船流程。

3. 卸船确认

(1)理货员应严格按照指导员提供的配载方案放柜,并与船边理货保持密切的联系。

(2)堆场理货应提前到放柜的BAY(贝)位进行核场,堆场理货必须严格按照计划放位。

(3)堆场理货联系指导员确认作业机械,并将作业机械叫到指定场位,然后通知船边理货将拖车叫进堆场放柜。

(4)堆场理货员必须认真核对箱号(11位数),并要协助船边理货调配好拖车。

(5)堆场作业完工后要与船边理货确认装船数量及有无异常情况,然后通知泊位指导员与理货领班完工。

4.装船确认

(1)理货员应严格按照指导员提供的配载方案发柜,并与船边理货保持密切的联系。

(2)堆场理货应提前到要装柜的 BAY(贝)位进行核场,如果需要倒柜应及时通知领班联系中控做翻倒柜计划,并要做好倒箱的新场位记录以及在电脑上做好场位调整。

(3)堆场理货联系指导员确认作业机械,并将作业机械叫到指定场位,然后通知船边理货将拖车叫进堆场拉柜。

(4)堆场理货员必须认真核对箱号(11 位数)、箱型、尺寸,并要协助船边理货调配好拖车。

(5)堆场作业完工后要与船边理货确认装船数量及有无异常情况,然后通知泊位指导员与理货领班完工。

5.在装卸船的过程中,定位人员的注意事项

(1)配合港口现场作业的需要,提高港口及堆场管理的顺畅,加强中控室对现场作业的进一步控制,定位人员必须听从中控的调配,听从指挥,服从安排。现场机械与场位出现异常情况应及时通知中控,协助和监控好场桥转场。

(2)配合中控合理地指挥机械,引导拖车到达指定的提箱地点,为拖车在港口内解决实际困难,协助现场核对箱号、位置,汇报现场的操作情况。

(3)卸外拖柜,如实际位与作业小票位置不符时应通知中控更改,发柜时产生倒柜或所提箱实际位置不对时,应详细记录倒箱的新位置,并协助中控寻找实际所要提的箱号。

(四)场控员的工作职责和流程

场控员的主要工作职责是负责堆场生产作业的指挥、机械资源的调配、机械故障信息的登记以及策划员、船控员、箱管员、CFS 库、安全生产指导员等的协调,负责进出场作业效率指标和节能降耗指标的落实,把握进出场作业的执行控制和查验、归并转等其他堆场作业的执行控制,并对堆场作业的准确合理进行监督。其工作流程主要包括:

(1)机械的管理:①根据场外作业情况,考虑耗油量和机械情况合理安排机械使用,并与船控员做好机械分配协调工作,原则上船舶作业堆场机械和岸边机械一对一。②场控员应全过程加强机械控制,及时调整机械控制场区,并严格控制空箱机械分类使用。

(2)进场控制,掌握机械作业动态,做好进出场超时控制,及时纠正机械司机超时控制行为。

(3)移箱控制,由策划员提供移箱清单后,场控员应视机械运用及时做好归并移箱工作,集卡通知要求及时到位。

(4)特种箱控制,场控员根据特种箱作业信息要重点关注和安排特种箱作业控制,特种箱包括危险货物、冷藏箱、油罐箱、超限箱和框架箱等。

项目九　集装箱码头商务管理

学习任务一　集装箱码头作业合同管理

知识目标

1　了解合同类型。
2　掌握港口作业合同的主要条款。
3　了解集装箱码头签订货物作业合同应注意的问题。

技能目标

1　能够运用理论知识对集装箱码头作业的合同管理进行分析。
2　能根据集装箱码头作业的实际情况编制相关作业合同。

实训模式

1　专题讲座,请专家介绍集装箱码头作业合同管理的成功经验和失败教训。
2　案例分析,通过对集装箱合同案例的分析,加深对集装箱合同管理知识的理解。
3　建议采用讲授与案例分析、情境模拟相结合的教学方式。

教学建议

1　以一次港口作业合同的签订为项目,引导学生完成任务训练。
2　本次学习任务采用项目驱动、流程模拟,明确合同管理员的岗位职责,变先学后练为边做边学,使学生通过模拟实操进行学习,使港口作业的合同管理技能得到较快提高。

[案例引入]

集装箱班轮港口作业合同

编号:2011 年(化码/集装箱)字第　　号

作业委托人:　　　　　　　　　　　　　　　　　　　　　　　　(简称:甲方)
港口经营人:重庆化工港口有限公司　　　　　　　　　　　　　　(简称:乙方)
　　为共同发展重庆集装箱运输事业,本着互助互利的原则,经甲乙双方友好协商,就甲方所属集装箱(船舶)班轮靠离乙方港口进行装卸作业(含装拆箱作业、堆存保管及杂项作业)

等事宜,达成如下协议:
  1 集装箱班轮运输情况
  1.1 航线:长寿⟵⟶上海(长江沿线港口)
  1.2 集装箱规格:20英尺/40英尺
  1.3 作业地点:乙方港口
  1.4 发船时间:周班次、发班时间,甲、乙双方具体协商。
  2 双方义务和责任
  2.1 甲方的义务和责任
  2.1.1 甲方应在船舶抵港前24小时向港方发抵港预、确报。
  2.1.2 进口船舶应在抵港72小时前向港方提供集装箱作业的相关资料和作业要求(包括及时提供配、积载图表)。
  2.1.3 甲方应保证出口集装箱在船舶抵港前全部进港备妥,以免影响船舶装船正常作业。
  2.1.4 甲方应保证船舶按约定船期抵港,使之处于良好的适航状态,并具备完好的装卸条件,随时做好装卸和开航的准备。
  2.1.5 甲方不得使用内贸集装箱装外贸货物,否则所产生的一切后果及费用均由甲方承担。
  2.1.6 甲方应承担其隐瞒货物性质或瞒报货物重量(数量)而造成的责任,如给乙方带来损失,乙方将向其追偿。
  2.1.7 甲方所代理和自有的集装箱在进入运输过程时(含港口作业过程)应投保运输险,乙方同属运输保险的受益人。
  2.2 乙方的义务和责任
  2.2.1 乙方应根据甲方提供的配、积载图表及要求,合理安排泊位、人力和机械以保班为最高原则,保证在靠泊后按航班顺序依次安排甲方集装箱装卸作业(由于不可抗力、船方、货方等非港方原因影响除外),并保证船舶开航。
  2.2.2 未经甲方同意,甲方自备箱乙方不得挪作它用,否则所产生的一切后果和费用由乙方承担。
  2.2.3 乙方应对甲方的箱、货在乙方中转与保管期间的安全负责。但因为不可抗力或箱、货本身的自然属性及合理的损耗或作业委托人和箱、货接收人的过错造成的损失,乙方应免除责任。
  3 港航交接
  甲乙双方原则上在船边进行集装箱的交接,如需在其他地方办理交接,双方另行商定。
  4 港口作业费用标准及结算方式
  4.1 港口集装箱装卸包干费按《重庆化工港口有限公司集装箱码头装卸包干费收费标准》执行。堆存费按《重庆化工港口有限公司集装箱码头堆存费收费标准》执行。杂项作业服务收费标准按《重庆化工港口有限公司集装箱码头杂项作业服务收费标准》执行。若港务物流集团集装箱作业收费标准发生变化,从其规定。
  4.2 其他杂项:如水电费等由乙方提供相关单证,经船舶代表签章,乙方凭此据开具相关收费票据向甲方财务部门结算。

4.3 结算方式：

4.3.1 上述费用由甲方向乙方支票结算。

4.3.2 结算日期定为每月 20 日对账，若无异议，甲方应在 5 日内结清。若甲方逾期结清费用，乙方将向甲方每天收取付款额千分之五的滞纳金；若超过 10 日未结清费用，乙方有权停止对甲方提供相关服务并提出追偿。

5 合同期限

本合同自签订之日起生效执行，有效期至 2011 年 12 月 31 日止。期满后双方无异议，本合同自动顺延。

6 合同终止

在本合同期限内，双方均有权提前终止合同，但必须在终止之日前至少 60 天书面通知对方。合同期满后，双方均有权终止合同，但必须在合同期满前至少 30 天书面通知对方。

7 争议的解决

本合同执行过程中如发生异议，双方应在不影响生产的情况下，本着友好协商的原则解决。如不能协商解决，按国家有关法律、法规进行解决。

8 合同文本

本合同一式四份(每份 6 页)，甲乙双方各执两份，具有同等法律效力，各方必须对合同内容严格保密。

甲方： 乙方:重庆化工港口有限公司

代表(签章)： 代表(签章)：

2010 年 月 日 2010 年 月 日

[知识链接]

由于港口交通管理体制的特殊性,港口货物作业实行合同化管理是近几年才发展起来的事情。从相关法律一些条款,对关于集装箱码头货物作业的规定较少,涉及的条款也比较笼统,因此,集装箱码头货物作业合同又不能完全依照它而签定,这就要求集装箱码头从业人员在正确实施相关法律的基础上,认真学习合同法,努力钻研集装箱码头业务,在实施集装箱码头货物作业合同过程中,力争做到合同种类齐全,内容全面,使签订合同双方满意,通过合同最大限度的保护集装箱码头经营人的合法利益。

一、合同类型

1.港口服务(装卸服务)合同

集装箱码头的产品是集装箱的装卸业务。装卸业务收入是主要收入来源,在装卸业务合同中,需要明确船公司、港口双方的权利、义务。

2. 大船费用结算支付合同

港口为船公司提供装卸等服务,自然要收取相应的服务费用。近几年来,集装箱运输市场竞争日趋激烈,费用拖欠现象也越演越烈。在合同之中首先是要明确采用什么样的费率来进行结算,如何交接账单,用什么方式支付,船公司(代理公司)收到账单后在多少天之内付清款,对无异议的账单若在合同规定期限内仍未付清,按账单金额的多少比例支付滞纳金等等。

3. 退关箱费用结算支付合同

集装箱运输的环节较多,难免会出现一些问题,其中退关集装箱的问题较为突出。

对于退关箱的操作和费用结算,与一些固定的长期合作的单位,就有签订合同的必要,以明确港口与船公司、代理公司或者货运代理公司双方的权利、义务。每半月或每月一结账,一次付款的方式比较简便易为双方接受,一些条款的具体要求,需根据具体情况双方商谈而定。

对于一些业务量较少的单位,则通过现金当场支付的方式。

4. 出口集装箱费用结算支付合同

交通部规定凡进出口集装箱重箱均需支付港务费、港口建设费。进口集装箱由于收货人众多,因此,进口集装箱的港务费、港口建设费,就可以采用在受理计划时当面结清。而出口集装箱的港务费、港口建设费,按照惯例,每航次均向代理公司计收。

5. 一次性协议书

集装箱码头除了长期的服务对象外,还有一些临时出现的业务,对这些业务,需在作业前与顾客商谈清楚。如船舶到港口的联系、单证的交接处理、集装箱的装卸操作、费用的结算及支付方式等,在协商达成一致意见后可签署一次性协议书。

二、港口作业合同的形式、作用

订立作业合同可以采用书面形式、口头形式和其他形式。书面形式是指合同书、新建和数据电文(包括电报、电传、传真、电子数据交换和电子邮件)等可以有形的表现所载内容的形式。

作业合同是作业委托人与港口经营人合同关系的证据,通过对有关作业项目、作业标的、作业时间、作业费用等相关事宜的约定双方权利、义务关系,同时也是计收港口作业费用、处理作业争议的依据。

三、港口作业合同的主要条款

(1)作业委托人、港口经营人和货物接收人名称;
(2)作业项目;
(3)货物名称、件数、重量、体积(长、宽、高);
(4)作业费用及其结算方式;

(5) 货物交接的地点和时间；
(6) 包装方式；
(7) 识别标志；
(8) 船名、航次；
(9) 起运港(站、点)和到达港(站、点)；
(10) 违约责任；
(11) 解决争议的方法。

四、集装箱码头签订货物作业合同应注意的问题

(1) 集装箱码头货物作业合同的主要问题；
(2) 集装箱码头货物作业合同条款完备问题；
(3) 保价作业问题；
(4) 集装箱码头的留置权问题；
(5) 格式合同问题。

学习任务二　集装箱码头计费管理

知识目标

1　了解费率管理。
2　了解集装箱码头收费项目。

技能目标

1　能够运用理论知识对集装箱码头的各类计费方式进行计算。
2　能对集装箱码头的各类业务案例进行计费管理。

实训模式

1　费率计算，让学生了解集装箱码头各类收费项目的具体计算方式。
2　案例分析，通过对集装箱码头收费标准的分析，加深对集装箱码头计费管理的理解。
3　建议采用讲授与案例分析、计算训练相结合的教学方式。

教学建议

1　以各类港口业务费率的计算为项目，引导学生完成任务训练。
2　本次学习任务采用项目驱动、计算训练、综合实训，明确计费员的岗位职责，使学生的实操技能得到较快提高。

[案例引入]

重庆化工港口有限公司
集装箱码头装卸包干费收费标准
单位:元/箱

费 目		箱型		
		20英尺	40英尺	45英尺
外贸集装箱	重箱	644.00	1065.00	1331.30
	空箱	237.00	450.00	562.50
内贸集装箱	重箱	440.00	693.00	866.30
	空箱	165.00	297.00	371.30

备注:

1.危险品重箱和冷藏箱加收 20%(隐瞒不报加收 40%)。

2.非标准箱和超限箱的价格按相应箱型箱类加收一倍。"超限"是指箱内货物的外形超出了集装箱的尺寸。

集装箱堆存费、货物堆存费收费标准
单位:元/箱·天

费 目		箱型			
		20英尺		40英尺	
	箱类	空箱	重箱	空箱	重箱
集装箱堆存费	普通箱	3.00	6.00	6.00	12.00
	框架箱、超开顶箱	3.00	12.00	6.00	24.00
	冷藏箱	3.00	150.00	6.00	300.00
	一般危险品	3.00	24.00	6.00	48.00
货物堆存费		0.60元/计费吨·天			

进口集装箱(重箱)超期堆存费收费标准
单位:元/箱·天

装载一般货物的集装箱	箱型	第4天	第5天	第6天	第7天
	20英尺	6.00	12.00	18.00	24.00
	40英尺	12.00	24.00	36.00	48.00
一般危险品	箱型	第1天	第2天	第3天	第4天
	20英尺	24.00	48.00	72.00	96.00
	40英尺	48.00	96.00	144.00	192.00

备注:

1.空箱、普通重箱进港堆存费均优惠3天,从第4天起计收;进口重箱超过4天按累进方法计收,超过第7天,按第7天的标准计收。

2.冷藏重箱进港堆存4小时内按半天计收,超过4小时按一天计收。

3.危险品重箱按实际发生的天数累进方法计收,超过4天按第4天的标准计收。

4.进口框架重箱堆存时间超过10天仍没有提运的应加收集装箱搬移费,集装箱搬移费计费标准为:495.00元/20英尺;743.00元/40英尺。

5.货物按 W/M 择大计费。

重庆化工港口有限公司
集装箱杂项服务收费标准

费　目			单　位	箱　型		备　注
				20英尺	40英尺	
集装箱查验、熏蒸箱搬移费			元/箱	297.00	445.80	
集装箱装卸、搬移、翻箱费			元/箱·次	49.50	74.30	以实际发生次数计收(汽车的装卸、搬移和翻装费)
集装箱装卸、搬移、翻箱费			元/箱·次	70.20	105.30	以实际发生次数计收(驳船的装卸、搬移和翻装费)
陆路往返换箱装卸费			元/箱	250.00	500.00	由于货方原因提箱至工厂换货或换箱后返港
非水路进港空箱			元/箱	100.00	200.00	指汽车从陆路进港的外来箱
非水路出港空箱不返回			元/箱	215.00	450.00	寸滩港区与九龙坡港区之间的往返空箱只计收一次上下车费
重箱从陆路进港,原箱从陆路出港			元/箱	300.00	500.00	含在港口装箱后从陆路提重箱出港不返回
集装箱转箱搬移费			元/箱	100.00	150.00	指内贸箱与外贸箱之间的转箱。转箱到厂装箱免收
危险品箱	空箱移至危险品箱区装卸		元/箱	297.00	445.80	
	厂装重箱进入危险品箱区		元/箱	99.00	148.60	
	进口重箱进入危险品箱区		元/箱	148.50	222.90	
	夏季喷淋费(5月1日~9月30日)		元/箱·天	15.00	30.00	
冷藏箱	搬移费		元/箱	100.00	150.00	
	重箱堆存、管理、用电费		元/箱·天	150.00	300.00	4小时内按半天计收,超过4小时按一天计收
退载	装上船后退载	重箱	元/箱	644.00	1065.00	内贸箱退载比照内贸箱的装卸价格
		空箱	元/箱	237.00	450.00	
	移箱至港口前沿返回堆场		元/箱	200.00	300.00	
集装箱清扫垃圾处理费			元/箱	50.00	100.00	
打包、托盘加工整理费			元/箱	150.00	300.00	
换包装库场使用、用水费			元/吨	5.00		货物装卸费另计
货物装卸费			元/吨	10.00		按汽车—库,库—汽车分别计收(按W/M择大计费)
人工换装费			元/吨	10.00		按W/M择大计费
集装箱拆、装箱包干费			元/吨	一般货物 12.40	冷藏货物 13.50 / 一般危险品 18.60	每件货物单重超3吨或者长度超10米加收困难作业费,价格面议(按W/M择大计费)

[知识链接]

一、港口费率管理

(一)目前我国港口的费率种类

(1)国家定价；
(2)地方定价；
(3)港口自行定价。

(二)费率制定

1.费率制定主要因素
(1)成本因素；
(2)利润因素；
(3)市场因素。

2.费率调整
　　港口费率是市场竞争中游离的杠杆,港口可以根据市场的供求情况给予适当调节,同时也应该考虑到物价上涨的因素。

3.优惠费率
(1)大船装卸费的优惠；
(2)大船装卸费的优惠年底或半年一次性退回；
(3)全部费率优惠。

二、集装箱码头收费项目

1.集装箱装卸包干费
进出口集装箱码头装卸费采用包干费的形式。
付费人主要是船公司(或船务代理公司),按箱型、箱类计收。
包干范围一般是：
(1)卸货顺序为:船上—场地—货方车上
(2)装货顺序为:货方车上—场地—船上

2.中转箱装卸包干费
付费人主要是船公司(或船务代理公司),按箱型、箱类计收。
包干范围一般是:船上—场地—船上,包10天或14天堆存期。

3.大船辅助作业费用
付费人主要是船公司(或船务代理公司)。
主要有：系解缆绳费、开关舱费、供水劳务费及水费等,这类费用根据船方签证按实计收。
系解缆费按次计收,系缆收一次,解缆收一次,而不考虑缆绳根数。开关舱费按舱盖板块数计收。

供水劳务费按次数计收。

4. 拆装箱费

付费人是船公司(或船务代理公司),按箱型、箱类计收。

5. 集装箱相关费用

付费人主要是申请人。

主要有:工时费、机械租用费、上下车装卸费、集装箱搬移费、集装箱船上翻装费、集装箱出舱翻装费、火车驳船装卸费、集装箱清洗费、集装箱制冷费等。

6. 船舶相关费用

船舶停泊费的付费人是船公司(或船务代理公司),按船舶净吨计收。

7. 装卸费

装卸费率=装卸费基价×货类系数×操作过程系数

8. 货物报关费

保管费率=报关费基价×报关种类系数×日累进系数

9. 驳运费

驳运费率=驳运费基价×区段系数×货类系数

10. 港务费

港务费是非营业性质费用,它的收费标准由政府主管部门颁布。

学习任务三　集装箱码头理赔、保险管理

📖 知识目标

1. 了解保险业务特点与保险管理原则。
2. 掌握港口的主要风险与防范。
3. 了解港口保险合同与主要保险类别。
4. 掌握港口事故处理和施救措施。

📖 技能目标

1. 能够运用理论知识对集装箱码头理赔、保险管理进行运用。
2. 能对集装箱码头理赔、保险管理的风险进行识别,能妥善处理客户的理赔要求。

📖 实训模式

1. 案例分析,通过对港口理赔、保险案例的分析,加深对港口理赔、保险知识的理解。
2. 建议采用讲授与案例分析、情境模拟相结合的教学方式。

📖 教学建议

1. 任务训练分小组进行,以客户、港口企业、保险公司为角色进行分组实训。

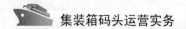

2. 本次学习任务通过讲解、分析、流程模拟,明确港口保险业务的各类理赔措施及风险防范,使学生实操技能得到较快提高。

[案例引入]

中远集装箱运输有限公司与广州集装箱码头有限公司港口作业合同纠纷案

原告:中远集装箱运输有限公司。住所地:上海市东大名路378号。

法定代表人:魏家福,董事长。

委托代理人:黄亚泉,广东恒运律师事务所律师。

委托代理人:陈龙杰,广东恒运律师事务所律师。

被告:广州集装箱码头有限公司。住所地:广东省广州市经济技术开发区黄埔新港路1号。

法定代表人:黄国胜,董事长。

委托代理人:宋晓东,广东法制盛邦律师事务所律师。

原告中远集装箱运输有限公司诉被告广州集装箱码头有限公司港口作业合同纠纷一案,本院于2003年7月16日受理后,依法组成合议庭,于11月6日召集双方当事人进行庭前证据交换,同日公开开庭进行了审理。原告委托代理人陈龙杰,被告委托代理人宋晓东到庭参加诉讼。本案现已审理终结。

原告中远集装箱运输有限公司诉称:原告、被告和广州港务局共同签署了1份《外贸船舶装卸协议》,该协议自2002年1月1日起生效,有效期1年。2002年4月16日,被告在吊卸原告运输的第COSU92423790号提单项下第CBHU920242/6号20英尺超高集装箱时,违反安全操作规程,致使该集装箱从超高吸架上脱落,包装木箱一角着地,斜靠在龙门吊陆侧机架上,造成货物损失。2003年3月,收货人福建顶益食品有限公司就上述货物损失向本案原告和被告提起诉讼,请求本案原告和被告共同赔偿货物损失1218400美元。现法院已判决本案原告赔偿福建顶益食品有限公司货物损失65275.84美元,并负担诉讼费人民币3251元。原告已依照上述判决赔付福建顶益食品有限公司货物损失和诉讼费折人民币543082.20元。请求法院判令被告广州集装箱码头有限公司赔偿原告损失人民币543082.20元,并承担诉讼费用和原告为处理本案纠纷所产生的其他费用。

原告中远集装箱运输有限公司在举证期限内提供了(2003)广海法初字第171号民事判决书、汇款资料、赔款的支付凭证和收据等4份证据。

被告广州集装箱码头有限公司辩称:根据广州市特种设备监察检验所签发的《起重机检验报告书》,被告涉案的门式起重机处于安全使用有效期内,被告在卸货过程中已做到谨慎处理,不应承担赔偿责任。根据原告、被告和广州港务局签订的《外贸船舶装卸协议》的约定,原告作为承运人,必须在船舶到港48小时前向被告预报、24小时前确报集装箱的数量、重量、类型等情况,如原告承运危险货物、非标准集装箱货物和超限集装箱货物,需事先征得被告的同意后方可装运,并在舱单、舱图和装船清单等有关单证上如实反映国际危规编号或超限尺寸、货箱的重量,凡不报、错报、瞒报所造成的装卸设施、货物、集装箱损坏及经济损失,均由原告负责。原告没有履行上述约定的义务,且本案集装箱在卸货过程中发生倾斜并坠落,是由于原告所提供的集装箱箱内货物积载不当造成的。因此,本案货物损坏只能由原告自行承担责任。另外，即使被告对原告负有赔偿责任，被告也有权享受单位责任限制。

被告广州集装箱码头有限公司在举证期限内提供了起重机检验报告书、外贸船舶装卸协议等2份证据。

经审理查明，原告和被告对以下事实没有异议，合议庭予以确认：

2001年底，原告和被告、广州港务局签订1份《外贸船舶装卸协议》，约定原告运输集装箱的船舶(包括租船)进入广州港务局港区，均由被告安排靠泊、装卸及其他有关作业，有效期为1年，自2002年1月1日起生效。其中第二条约定：原告必须在船舶到港48小时前预报，24小时前确报船期给被告，预确报内容包括装卸箱数、重量、类型(其中特种、冷藏、危险品箱的数量和积载情况)。第六条约定：原告船舶承运的货物，如属危险货物、非标准箱货物及超限集装箱货物，均需事先征得被告同意后方可装运，并在舱单、舱图中标明国际危规编号或超限尺寸，货箱的重量在舱单、舱图、装船清单等有关单证上如实反映；凡不报、错报、瞒报所造成装卸设施、货物、集装箱损坏及经济损失，均由原告负责，并承担由此引起的法律责任。

2001年10月16日，福建顶益食品有限公司与顶益(BVI)国际有限公司签订《买卖合同》，约定由福建顶益食品有限公司向顶益(BVI)国际有限公司购买1台制瓶机及相关设备，价格为2373906美元。2002年3月23日，原告从意大利热那亚港承运该台制瓶机，并签发了货物运输提单。该提单载明货物由7个40英尺集装箱和2个20英尺集装箱装运，其中编号为CBHU920242/6号的20英尺集装箱装的货物为1件，重23000公斤。原告于4月16日将货物运抵广州黄埔港。同日，被告在吊卸货物过程中，第CBHU920242/6号集装箱一边突然脱落，另一边箱柱与箱底底梁折断，砸到另外1个40英尺集装箱的箱体上，斜靠在龙门吊2号陆侧机架上。据被告提供的广州市特种设备监察检验所于2002年2月4日签发的《起重机检验报告书》记载，被告用于吊卸本案货物的门式起重机经检测合格，允许使用、发证。

2003年3月13日，福建顶益食品有限公司以海上货物运输造成货物损失为由对本案原告和被告提起诉讼，请求本案原告和被告共同赔偿货物损失1218400美元。本院经审理，于6月18日作出(2003)广海法初字第171号民事判决书认为，本案原告作为货物承运人，应对其责任期间内造成福建顶益食品有限公司的货物损失承担赔偿责任，但其有权依据《中华人民共和国海商法》第五十六规定的赔偿限额赔偿损失；本案被告虽然在卸货作业过程中造成了货物损失，但其不是海上货物运输合同的当事人，不应对福建顶益食品有限公司承担运输合同的赔偿责任。该判决书判决本案原告赔偿福建顶益食品有限公司货物损失65275.84美元，并负担案件受理费人民币3251元。该判决书发生法律效力后，原告于2003年10月28日将应赔付的款项共计人民币543082.20元(其中65275.84美元按1美元兑人民币8.27元的比率折人民币539831.20元)支付给了福建顶益食品有限公司。

合议庭成员一致认为：本案是一宗港口作业合同纠纷。原告和被告签订的《外贸船舶装卸协议》是双方当事人的真实意思表示，且不违反我国法律和行政法规的强制性规定，合法有效，双方均应依约履行。

被告作为港口经营人，应依照《外贸船舶装卸协议》的约定，对原告运输的货物进行妥善地装卸、保管等作业，但被告在对本案货物进行吊卸作业过程中，造成货物坠落损坏，致使原告违反了其与福建顶益食品有限公司之间的海上货物运输合同的约定,向福建顶益食品有限公司赔偿了该货物的损失。原告赔付的该货物损失是由于被告的港口作业造成的,被告应依法承担违约赔偿责任,赔偿原告因此而产生的全部损失。因被告没有举证证明原告对该第CBHU920242/6号集装箱的情况存在不报、错报、瞒报,或本案货物损坏是因为原告不报、错报、瞒报集装箱情况所造成的事实,也没有举证证明本案货物损坏是由于集装箱箱内货物积载不当造成的事实,故被告因此而提出的应由原告自行承担本案货物损失的主张,缺乏事实依据,不予支持。原告请求被告赔偿损失人民币543082.20元,其损失金额符合本院(2003)广海法初字第171号民事判决书的判决,应予支持。

依照《中华人民共和国合同法》第一百零七条、第一百一十三条第一款的规定,判决如下:

被告广州集装箱码头有限公司赔偿原告中远集装箱运输有限公司损失人民币543082.20元。

本案受理费11143元,由被告负担。本案案件受理费已由原告预交,本院不另清退,被告应将负担的案件受理费迳付原告。

以上给付金钱义务,应于本判决生效之日起10日内履行完毕。

如不服本判决,可在判决书送达之日起15日内,向本院递交上诉状,并按对方当事人的人数提出副本,上诉于广东省高级人民法院。

[知识链接]

一、保险业务特点与保险管理原则

1. 保险业务特点

保险是指投保人根据自己的风险同保险人之间的合同约定,并向保险人支付保险费,保险人对于合同约定的可能发生的事故因其发生所造成的财产损失赔偿保险金责任,或者当被保险人死亡、伤残、疾病或者达到合同约定的年龄、期限时承担给付保险金的商业保险行为。

就港口而言,它提供给港口的是一种在一定时期内,当某种特发的、不可预料的意外事件发生时为港口提供保护的承诺,具有强大的专业性。

2. 保险管理原则

(1) 诚信原则;

(2) 保险利益原则;

(3) 保险赔偿原则;

(4) 权益转让原则。

二、港口的主要风险与防范

1. 港口的主要风险

(1) 火灾、雷电、爆炸、暴风雨、台风、龙卷风、潮水、海啸、地面下陷下沉、地震等任何突然和不可预料的自然灾害;

(2)抢劫、偷窃或盗贼暴力侵入而造成的危害和损失;
(3)港口工人、技术人员、业务人员包括管理人员的操作错误、缺乏经验技术、疏忽过失等违反常规章程的恶意行为;
(4)超负荷、超电压、电弧、走电、港口改造、工程建筑施工;
(5)对财产的外来的、突然的、不可预料的损害;
(6)员工的人身意外伤害、伤亡事故;
(7)箱损、箱差、货损、货差和船用机器设备的损坏;
(8)因任何意外事故或某种不可抗拒行为造成港口营运中断以致利润损失。

2.风险防范
(1)制定业务操作规范、港口生产装卸工艺、岗位职责等;
(2)特殊环境与情况重点防范;
(3)制定港口服务条款,采取限额赔付,加强索理赔实务管理;
(4)控制风险发生,完善机制,加强监督;
(5)对可能发生但又无法控制和预料的风险,设法转移给保险人;
(6)提高港口服务质量,设立货物运输保险代理点,杜绝未经保险的装卸业务。

三、港口保险合同与主要保险类别

1.港口保险合同的主要内容
(1)保险责任及免责;
(2)被保险人名称和住所;
(3)保险标的、价值、金额;
(4)保险期间和保险责任的开始时间;
(5)保险费及支付方式;
(6)保险赔偿及给付方式;
(7)有关扩展条款;
(8)违约责任和争议处理;
(9)合同订立时间。

2.港口保险的主要险种
(1)港口员工的人身意外险和住院补贴、医疗费、手术费等有关附加险;
(2)港口的土建工程、建筑装成、机械安装、搬迁等建筑工程安装险;
(3)机械设备、机动车辆、机电设施、库存物资、通讯器材、办公用品、房屋等财产一切险;
(4)集装箱、进出口货物的运输险;
(5)装卸作业、业务操作等港口原因而导致的第三者损害的港口操作责任险;
(6)因意外突发事件,造成港口营运中断,影响利润损失的业务损失险。

3.港口的索理赔业务
(1)事故处理和施救措施;
(2)事故经济损失的计算内容,直接损失/间接损失;
(3)索理赔相关材料;

(4)索理赔操作程序;

(5)索赔时效;

(6)港口无法交付的物资处理。

四、事故处理和施救措施

(1)保护现场,维护秩序,拍摄现场,事实记载;

(2)事故责任部门或涉及者应立即向上一级主管部门报告;

(3)召开事故分析会;

(4)通知事故涉及方,负有保险责任者,也应及时通知保险人;

(5)采取行之有效的施救措施,减少事故损失,不致损失扩大;

(6)当事人之间约定事故损失,不能约定者可请第三者参与;

(7)确定事故责任,按责任承担经济赔偿;

(8)港口有责任者根据责任大小、有关法律条文及定损公估报告等事实依据,给予赔付;

(9)事故类别涉及到相关的风险责任保险的;编制向保险人提出经济补偿的索赔报告,并根据保险合约追索应该享有损失补偿和经济给付的权利;

(10)根据事故分析报告,落实相应的整改和防范措施,踏踏实实抓好安全生产,杜绝重复事故,遏制重大、大事故的发生。

项目十　集装箱码头管理信息系统

学习任务一　集装箱码头信息系统认知

知识目标

1　了解集装箱码头管理信息系统的作用。
2　掌握集装箱码头管理信息系统的建构原理。

技能目标

1　能熟悉集装箱码头信息系统的不同功能定位。
2　能对集装箱码头信息系统的构成进行分析。

实训模式

1　案例分析,通过对案例的分析,加深对集装箱码头信息系统的理解。
2　建议采用讲授与案例分析、情境模拟相结合的教学方式。

教学建议

1　任务训练分小组进行,各小组分别绘制基本集装箱码头信息图并进行完整阐述。
2　本次学习任务主要是理解和设计,采用任务驱动、流程模拟,了解集装箱码头信息系统的原理并进行优化设计,使学生的实操技能得到较快提高。

[案例引入]

上海浦东国际集装箱码头应用案例

案例背景:上海浦东国际集装箱码头以信息化建设引领集装箱发展,在集装箱作业过程中全面实施先进的生产管理系统,开发应用集卡全场调度、智能配载系统、智能堆场系统、无线实时理货系统等,使业务运作和操作功能实现了模块化和结构化,以科技创新提高集装箱作业效率、服务质量和管理水平,而作为这些应用系统基础的网络化建设更是重中之重。

由于港口集装箱区面积大,环境开阔,集装箱业务繁忙复杂的地理位置和特殊功能不适合有线网络:

(1)大型吊车、集卡的运输道路和货物通道不能铺设电缆;
(2)近海区作业区,易受海潮的影响,不适合大面积在地面铺设线路;

(3) 不允许架空明线；

(4) 桥吊作业的高空性, 集卡作业的移动性。

因此采用无线网络覆盖方案是必然选择。

客户需求：

(1) 位置服务：利用带 GPS 接收的 WiFi 设备, 通过无线网络实时传送卡车位置信息至控制中心, 便于控制中心掌握区域内卡车的实时位置。

(2) 生产调度：控制中心根据货物运输需要, 实时给相应的卡车或龙门吊、桥吊发送无线操作(运输)指令。

难点分析：

(1) 集装箱对电磁波反射严重, 加上集装箱位置和高度经常变化, 以及龙门吊的来回移动遮挡, 导致无线环境非常恶劣；

(2) 由于需要传输 GPS 实时信息, 所以对整个无线网络回传的连续性、带宽都有一定的要求；

(3) 一个箱区往往需要 20~30 个节点, 容易造成设备相互之间的同频干扰；

(4) WiFi 在港口应用已非常普遍, 用于向集卡等传送任务指令, 提高工作效率。但因为需要拖一条有线"尾巴", 导致有线未铺设地方无法布设 WiFi 的 AP, 信号覆盖存在盲区；

如采用网桥方式, 则存在单点故障, 而且容易造成拥塞, 导致传输时延增大, 容易丢包；

技术方案：采用带有 WiFi-MESH 技术的产品可以有效解决以上问题。

配置方案：

(1) MESH 节点 30 个；

(2) 置有 7 个落地接入点, 与有线网汇合；

(3) 无线 MESH 双模块路由器配置有 AP 模块, 单模 MESH 路由器与原先已经使用的 Cisco 的 AP 相连接。

方案特点：

(1) WiFi-MESH 产品可以在提供普通 WiFi AP 接入功能同时, 在空中搭建一个网状的无线骨干网, 骨干网成网状, 抗毁能力非常强, 一般只有周边连续三个以上节点故障时才会出现通信故障, 相比网桥方式可靠性大大提高, 具有流量自均衡能力, 大大减少拥塞概率, 提高了整个无线网络的质量；

(2) WiFi-MESH 产品布设比普通 WiFi AP 更为方便, 除落地点外, 无需拉网线, 只需电源即可, 配置也可做到全自动；

(3) 专业的技术人员进行现场的勘察, 频率规划, 运用公司自己开发的信令仪测试调整网络部署；

(4) 采用空时编码技术, 降低误码率, 提高系统容量有效地提高了设备的抗干扰能力。

[知识链接]

随着全球经济一体化与信息技术的发展, 特别是现代物流的发展, 在现代港口竞争因素多元化、港口经营国际化、港口腹地贸易化和港口信息化的今天, 各大港口之间的竞争将会十分激烈, 这种竞争不仅仅局限于业务、硬件方面, 更主要的是港口的信息化建设与应用水平。集装箱码头管理信息系统作为港口开展中心业务的核心平台, 对提高港口集装箱吞吐量、客户服务质量,进而对提升港口核心竞争力,发挥了决定性的作用。

一、集装箱码头信息系统概念

集装箱运输涉及面广、环节多,具有信息量大、效率要求高的特点,与港口、船公司、货主、陆路承运人以及口岸相关部门联系紧密而广泛。没有港口信息系统的有力支撑,现代集装箱运输体系就无法有效运转和管理。

集装箱码头信息系统是特指以提供集装箱运输、装卸信息为主要目的的数据密集型、人机交互式的计算机应用系统。

二、集装箱码头信息系统发展现状

目前大部分集装箱码头在信息技术的应用主要体现在以下几个方面:

(1) 采用先进的管理信息系统提升集装箱码头的业务管理水平,如采用国内外知名的港口系统软件 Cosmos、Navis、TSB、香港和烟台华东电子等港口系统。

(2) 逐步采用自动化技术取代人工的操作,如电子数据交换技术、自动冷藏箱控制技术和定位系统技术等。

(3) 通过新技术的应用提高港口作业效率,如进门车道大门处理技术、图形化船舶和堆场计划技术以及无线数据终端技术。

三、集装箱码头信息系统业务目标

作为物流环节上的关键和核心节点,集装箱码头的作业效率、服务水平直接影响物流运输环节,因此越来越多的集装箱码头在注重拓展业务的同时,也十分重视信息系统的建设,希望通过引进先进的信息系统提升港口的管理和服务水平。

1. 精确计划

集装箱码头生产计划包括船舶计划、配载计划、堆场计划等内容。作为所有现场操作的基础,精确的生产计划对港口整体操作效率起到了关键作用,能减少生产准备时间,提高机械设备的利用率,提高港口的作业效率,缩短船舶在港时间,提高港口生产能力。

2. 准确执行

港口的作业执行内容包括作业控制、闸口操作、堆场操作、船舶装卸等主要内容。对指令的准确执行,消除了港口生产中的人为错误,实现集装箱堆码的零差错,提高了港口生产的准确性,提高了装卸效率和服务质量,提升了港口的核心竞争力。准确执行具体包括通过实现作业现场可视化,调度人员可按预先计划通过拖拉等图形操作实现对现场机械的准确调度。

3. 适度控制、及时反馈

适度控制、及时反馈是指在生产过程中,通过实现对堆场、集装箱、装卸机械的精确定位、动态跟踪、过程控制和可视化管理,生产调度人员以图形方式监控装卸设备提放箱作业过程、进度和状态,以及监控港口堆场、集装箱、泊位、道路等各要素的生产情况,并及时从生产现场接收作业反馈信息,及时了解货物流动的现状,以便安排以后的生产,及时获得报警信息,并及时纠正错误操作,提高了作业生产的安全性,使司机的操作行为始终处于受控状态,对生产状况的及时反馈提高了作业效率,缩短了船舶在港时间。

4.智能化管理

无论从发达国家的经验还是从未来集装箱运输需求来看,管理智能化成为现代化国际枢纽港发展的必然趋势。管理智能化是指运用现代智能理论并结合计算机信息处理技术等参与或指导港口各个环节的管理工作。通过实现集卡的全场智能调度,装卸设备的实时调度和远程监控,对生产过程进行优化仿真等智能化管理,可显著提升集装箱码头的装卸效率,缩短船舶在港停泊时间,保证货物装卸质量,节约生产成本,提高港口吞吐量,为客户提供更多的个性化服务。

四、集装箱码头信息系统技术目标

为了达到港口的业务目标,港口信息系统建设方面需要确定一定的技术目标,通过相关技术目标的完成保证港口业务目标的实现。

1.实时性

保证实时完成大容量数据处理的时效性和系统的高性能,对业务提供并发处理支持。实现对作业现场和机械设备作业过程的实时监控,对场地作业机械的实时调度,对生产数据的实时传输和处理。

2.对数据的自动处理能力

实现港口运行数据的自动积累、存储、辅助分析及决策。实现生产数据的自动采集,通过对数据的分析,对生产情况进行科学评价、预测,并对新的生产方案进行仿真。

3.信息共享

内部数据实现一次输入,多点共享,多点操作的信息共享。无缝嵌入 EDI 数据处理,与海关、商检、船公司进行远程的 EDI 数据交互,与港务集团平台进行信息交换,实现数据在物流链上下游的沟通。

4.可靠性

采用高可靠、高可用性技术以使系统能够保证高可靠性,尤其是保证关键业务的连续不断运作和非正常情况的可靠处理。

5.标准性

在港口业务标准化的情况下实现信息的标准化,提供标准化的信息服务和信息接口,以确保与其他系统对接。采用面向对象的开发工具,提供标准的报文格式、XML、文本文件等具有标准格式且灵活多样的数据接口方式。

五、集装箱码头信息系统构成

集装箱码头信息系统的先进程度是反映一个企业现代化管理水平的一个重要标志,对当今参与国际集装箱运输竞争的专业集装箱码头来说尤为重要。因此,集装箱码头信息系统的构成要从当前的港口发展需求出发,采用先进的工艺、流程和技术,实现港口生产的可视化和数字化,从而达到港口运营的高效化。

由于集装箱码头信息系统的规划是一个带有普遍功能的集装箱码头系统模型,主要从集装箱码头涉及到的上下游外部用户开始进行考虑,所建立的模型是一个大众化的参考模型。

集装箱码头信息系统主要由智能闸口、船舶计划、船舶配载、船舶监控、堆场监控、堆场计划、EDI、系统维护、作业受理、集卡调度、无线传输、收费管理、货运站管理、资料管理、客户服务、铁路装卸子系统、装卸设备远程监控和故障报警系统、统计分析子系统组成。

学习任务二 EDI 技术在集装箱码头管理上的应用前景

知识目标

1 了解 EDI 的概念。
2 了解 EDI 技术在中国集装箱码头管理上的应用。

技能目标

1 能了解现代集装箱码头管理的 EDI 技术及应用。
2 能运用 EDI 理论知识对集装箱码头的管理信息系统作出分析。

实训模式

1 案例分析,通过对新加坡港 EDI 应用的分析,加深对集装箱码头 EDI 应用的理解。
2 建议采用讲授与案例分析、情境模拟相结合的教学方式。

教学建议

本次学习任务主要是理解和应用,可采用案例讲解、任务驱动、流程模拟,掌握 EDI 技术上港口管理上的应用,使学生加深对 EDI 技术应用的理解。

[案例引入]

新加坡港 EDI 发展

新加坡政府自 20 世纪 80 年代中后期,决心首先在港口和航运部门推行集装箱运输 EDI,提高集装箱装卸效率,缩短通关时间。在新加坡贸易工业部的领导下,国家电脑局、贸易发展局和新加坡国立大学等 3 个单位组成项目组,对 EDI 应用进行研究,经过调研,编制了策略性报告和 EDI 总体设计方案,议会在对有关法律进行相应修改后,政府于 90 年代初正式在全国开始实施 EDI。1984 年,PORTNET 开始时仅作为一个数据信箱,以后信息量逐渐增加,包括船舶到离、在港船舶和化学品数据库,随后又发展成双向通信。1987 年,与马士基公司首先实现了计算机到计算机的通信联系,进行电子数据交换。1988 年和香港国际港口公司建立了第一条海外通信线路,电子交换集装箱装载情况,提高了堆场和船舶调度工作,加快了船舶周转时间。1989 年,实施 PORTNET,其功能也大为扩展,PORTNET 采用 EDIFACT 报文标准,现在,该 EDI 网络系统已有 1200 多家公司在使用,目前,新加坡港已与 2

个亚洲港口和 6 个非亚洲港口建立了电子通信线路。

新加坡港务局 PSA 的未来发展计划是:不断延伸和改进 PORTNET 功能,使其更加完善和自动化;建立更多的计算机通信线路,联通港口使用者、与航运相关的部门以及银行,加速船舶和货物流动速度。PSA 和 TDB 联合开发了一个新的 EDI 系统 MAINS(Maritime Information System),使航运公司、货运代理商、贸易伙伴和监管机构的有关运输文件以电子数据的格式统一起来,从而使新加坡成为世界上成功规范各种运输文件和数据的第一个国家。新加坡港口 EDI 网络系统(PORTNET)与国家 EDI 贸易网系统(Trade-net)为互为独立的两个 EDI 网络,新加坡海关在 Trade-net 上进行运作,PORTNET 的用户可以通过 EDI 中心向 Trade-net 传输信息,但 PORTNET 用户若需要获得海关的其他服务,则需另行办理加入 Trade-net 的入网手续。新加坡政府部门,对推行 EDI 采取强制手段。在推行过程中,主要分为试行—必行—封闭三个阶段。试行阶段主要是培训人员,用户采购 EDI 软硬件系统;在必行阶段,有关用户必须采用 EDI,否则每标准箱多收取 10 元新币的罚款措施;在封闭阶段,对不采用 EDI 方式的集装箱,港口一律拒收。

问题:

(1)新加坡港是怎样推行 EDI 技术的?

(2)为什么港口会对不采用 EDI 方式的集装箱一律拒收,这样做对港口有哪方面的影响?

[知识链接]

一、EDI 的概念

EDI 是英文 Electronic Data Interchange 的缩写,中文可译为"电子数据交换"。EDI 商务是指将商业或行政事务按一个公认的标准,形成结构化的事务处理或文档数据格式,从计算机到计算机的电子传输方法。简单地说,EDI 就是按照商定的协议,将商业文件标准化和格式化,并通过计算机网络,在贸易伙伴的计算机网络系统之间进行数据交换和自动处理。

在电子商务中 EDI 是指电子数据交换,是电子商务的初级形式,它是指企业与企业之间、企业与政府之间通过一个内部网(Intranet)进行的数据传递和数据交换。

EDI 的定义至今没有一个统一的标准,但是有 3 个方面是相同的:

(1)资料用统一的标准;

(2)利用电信号传递信息;

(3)计算机系统之间的连接。

联合国标准化组织将描述成"将商业或行政事务处理按照一个公认的标准,形成结构化的事务处理或报文数据格式,从计算机到计算机的电子传输方法。

二、EDI 中心的主要功能

(1)电子数据交换;

(2)传输数据的存证;

(3)报文标准格式转换;
(4)安全保密;
(5)提供信息查询;
(6)提供技术咨询服务;
(7)提供昼夜 24 小时不间断服务;
(8)提供信息增值服务等。

三、EDI 对集装箱运输的作用

集装箱运输是当今世界航运史上最先进的运输方式,而 EDI 技术是国际贸易、结算通关、数据处理等最佳通道,具有很好的应用前景,因此,目前国际航运界已广泛地应用了这一先进的科技成果。航运业大多数业务需要填制大量的卡片,而采用 EDI 技术后,带来了如下变化:

(1)提高处理速度,减少雇员;
(2)准确程度提高;
(3)功能趋向多样化。

在集装箱管理中,采用电子数据交换技术,把所有描绘集装箱的常用数据,如重量、号码、尺寸等存储后,再输入所有与信息相关的集装箱营运情况尤其是集装箱运行及修理情况,就很容易获悉集装箱在各地的数量。利用这些信息能使运力调配达到最优化。此外,利用 EDI 还可以进行统计工作,计算出成本、净利润、周转率、总收入并进行收益分析。进而对托运人、集装箱或运输距离作出评价。

四、EDI 技术在中国的应用

1.概况

BDI 在国际上已广泛应用。美国前 500 家大企业中有 65% 使用 EDI,90% 的报关业务通过 EDI 进行。在亚太地区,新加坡的 EDI 系统 Trade-net 是世界上第一个全国性贸易促进网。中国的电子商务始于 20 世纪 90 年代初。目前,一批国内信息化程度较高的单位已开始使用 EDI 方式进行商务活动。已经建成或正在建设的有:中国电信的公用电子数据交换网(CHINAEDI)、首都电子商务工程、上海信息港、中国电子商务信息系统(CBCIS)、中国企业信息标准化及 EDI 应用项目(EDICHINA),以及海关总署、交通部和外经贸部的 EDI 项目等。

2.EDI 在上海邮电的应用

上海邮电的 EDI 始于 1993 年,为了适应市场发展的需要,专门组建了上海 EDI 实业有限公司,研制、开发和推广 EDI 网络系统,促进上海市电子商务的发展。目前已初步建成了基于传统 EDI、因特网和 WEBEDI 的公用电子商务平台系统。

(1)传统 EDI 的应用

EDI 作为中国电信 CHINAEDI 的上海节点和国际出口,与美国 GEIS 的 EDI EXPRESS 网络及 CHINAEDI 各节点互联,为用户提供国际与国内的全方位通信服务。同时,作为上海市国际经贸电子数据交换网络的市级 EDI 汇接交换中心,与海关、港航和外经贸分中心联网,消除了行业壁垒,实现了各中心之间的报关单、舱单、许可证等单证的试运转,用户只需上任何一个 EDI 网,即可完成所有贸易单证的交换。目前已有几百家报关、航运和外贸单位通过上海国际经贸电子数据交换网络,实现通关运输及贸易单证传递。另外还开发了 EDI 单证存证系统,将 EDI 交换机上用户收发文件的内容和时间保存在存证服务系统中,供用户举证和查询用,并提供 EDI 用户的计费和统计信息的查询。该系统还完成了邮电部门与银行的联网,涉及工商银行、农业银行、中国银行、建设银行、交通银行、上海银行、浦东发展银行、招商银行、中信实业银行、深圳发展银行等。通过联网,实现了企事业单位通信费银行自动托收业务、账单的现金代收业务,以及移动电话网上支付业务,使用户可从现金支付、信用卡(储蓄卡、借记卡)自动划账、公用事业费无承付托收等多种方式中,选择适合自己的通信费支付方案。

与国内制造业的骨干企业强生有限公司合作,结合其现有覆盖全国的分销网,通过网络实现供应商、经销商与发运商之间的电子数据交换,进行订单、发运单等商业单证的传送,达到减少库存量、缩短供货周期、降低生产成本、控制销售规模,以及优化供应链管理的目标。

(2) WEBEDI 应用

WEBEDI 是基于 WEB 的 EDI 实现方式,它使用 WEB 作为 EDI 单证的接口,一个参与者作为 EDI 用户,确定相应的 EDI 标准,在 WEB 上发布表单,供中小客户登录到 WEB 站点后选择并填写。如图 10-1 所示,提交填写结果后,由服务器端网关程序转换为 EDI 报文,并进行通常的 EDI 单证处理。为了保证单证从 WEB 站点返回参与者,单证还能转换成 Email 或 WEB 表单的形式。由于综合了 WEB 和 EDI 二者的优点,使得 WEBEDI 系统具有巨大的经济效益和社会效益。

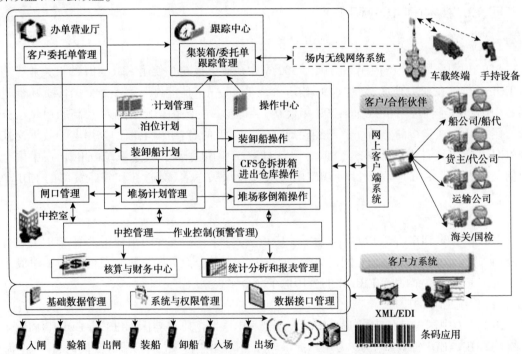

图 10-1 集装箱码头 WEBEDI 系统网络结构图

知识加油站

一、单项选择题

1. 大型集装箱是指[ ]。
   A. 额定质量≥20t 的集装箱　　　　　B. 额定质量≥5t[小于20t]的集装箱
   C. 额定质量<5t[不小于1t]的集装箱　D. 额定质量<1t 的集装箱
2. 门框尺寸是指开口最大的[ ]。
   A. 长度　　　　B. 宽度　　　　C. 高度　　　　D. 宽度和高度
3. [ ]是集装箱运输先进的组织方式。
   A. 门到门运输　　　　　　　　B. 开行集装箱直达列车
   C. 集装化运输　　　　　　　　D. 拼箱运输
4. 企业单位制造的集装箱,由[ ]负责鉴定和编号。
   A. 所在单位　　B. 铁道部　　　C. 所在铁路局　D. 所在企业
5. 多式联运是指铁路、公路、海洋、内河和航空等不同运输方式中,至少有[ ]的运输方式参加,共同完成全程的货物运输。
   A. 一种　　　　B. 两种　　　　C. 一种及以上　D. 两种及以上
6. 大陆桥多式联运输送能力包括港口的集装箱吞吐能力、[ ]和国境站的换装能力三个部分组成。
   A. 铁路的通过能力　　　　　　B. 到发线的通过能力
   C. 咽喉通过能力　　　　　　　D. 车站通过能力
7. 集装箱堆场作业是指集装箱在集装箱[ ]上进行的装卸、储存、保管和交接时进行的作业。
   A. 货场　　　　B. 堆场　　　　C. 场区　　　　D. 箱区
8. [ ]是在货物需要集装时,所使用的机装卸容器和集装工具的总称。
   A. 容器　　　　B. 器具　　　　C. 集装容器　　D. 集装器具
9. 新亚欧大陆桥东起[ ],西止荷兰鹿特丹港,是连接太平洋西岸与大西洋东岸,跨越欧亚大陆的又一欧亚大陆桥。
   A. 中国连云港　B. 印度加尔各答　C. 美国纽约港　D. 加拿大温哥华
10. [ ]是承运人委托集装箱装卸,货运站或内陆中转站在收到集装箱货物后签发的收据,是集装箱运输专用出口单据。
    A. 货票收据　　B. 货场收据　　C. 场站收据　　D. 货运收据
11. 船舶所有人将一艘特定的船舶出租给承租人使用一段时间的租船方式是[ ]。
    A. 航次租船　　B. 定期租船　　C. 包运租船　　D. 光船租船
12. 班轮运输又称为[ ]。

A.买船运输 B.不定期船运输 C.定期船运输 D.租船运输

13.班轮运输载运的主要是[ ]。
A.件杂货 B.集装箱 C.整箱货 D.拼箱货

14.在以下的租船方式中,严格地说,不同于运输承揽方式,而是一种财产的租赁的是[ ]。
A.航次租船 B.定期租船 C.包运租船 D.光船租船

15.传统的件杂货班轮运输一般采用[ ]装船的形式。
A.分散 B.集中 C.集装箱 D.港口

16.在下面的几种货物交付方式中,适用于贵重货物、危险货物、冷冻货物、长大件货物以及其他批量较大货物的交付方式是[ ]。
A.船边交付货物 B.选港货物
C.变更卸货港交付货物 D.凭保证书交付货物

17.在班轮运输的主要单证中,船舶大副编制船舶积载图的主要依据是[ ]。
A.托运单 B.装货单 C.装货清单 D.载货清单

18.在班轮运输的主要单证中,反映了船舶实际载货情况的是[ ]。
A.托运单 B.装货单 C.装货清单 D.载货清单

19.由船舶所有人负责提供一艘船舶,在指定的港口之间进行一个航次或几个航次运输指定合伙物的租船方式的是[ ]。
A.航次租船 B.定期租船 C.包运租船 D.光船租船

20.租船运输又称为[ ]。
A.买船运输 B.不定期船运输 C.定期船运输 D.班轮运输

21.所谓赔偿责任限制是指多式联运经营人对每一件或每一货损单位负责赔偿的[ ]。
A.最低限额 B.最高限额 C.边际限额 D.平均限额

22.一般的国际货运公约对货物提出的诉讼时效通常为[ ]。
A.1年 B.2年 C.3年 D.4年

23.大陆桥运输的货物是[ ]。
A.件杂货 B.小型国际标准集装箱
C.中型国际标准集装箱 D.大型国际标准集装箱

24.在下面的大陆桥中,世界上出现最早的一条大陆桥是[ ]。
A.南亚大陆桥 B.北美大陆桥 C.南美大陆桥 D.新亚欧大陆桥

25.在下面的大陆桥中,世界上"最年轻"的一条大陆桥是[ ]。
A.南亚大陆桥 B.北美大陆桥 C.南美大陆桥 D.新亚欧大陆桥

26.在下面的大陆桥中,世界上第二条大陆桥是[ ]。
A.南亚大陆桥 B.北美大陆桥 C.西伯利亚大陆桥 D.南美大陆桥

27.在海运提单的收货人栏内有"To order"字样的提单,称之为:[ ]。
A.记名提单 B.不记名提单 C.指示提单 D.直运提单

28.具有物权凭证作用的单据是[ ]。
A.商业发票 B.提单 C.航空运单 D.铁路运单

29.按收货人抬头,提单可分为记名提单、不记名提单、指示提单。可以背书转让的提单是[　]。
　　A.记名提单　　　　B.不记名提单　　　C.空白提单　　　　D.指示提单
30.某出口商品每箱毛重 32 公斤,体积为 0.0362 立方米,运费计算标准为 W/M,10 级,计算运费应[　]。
　　A.由托运人选择　　B.按毛重计收　　　C.按体积计收　　　D.按 A.V 计收

二、多项选择题

1.按货运特征分类,货物可以分为[　]。
　　A.普通货　　　　　B.特殊货　　　　　C.整箱货　　　　　D.拆箱货
　　E.拼箱货
2.按适箱货程度分类,货物可以分为[　]。
　　A.最适合装箱货　　B.适合装箱货　　　C.边际装箱货　　　D.经济装箱货
　　E.不适合装箱货
3.下面的集装箱货物交接方式中,属于整箱货—整箱货的是[　]。
　　A.门到门的交接　　B.站到场的交接　　C.站到站的交接　　D.场到场的交接
　　E.场到门的交接
4.下面的集装箱货物交接方式中,属于整箱货—拼箱货的是[　]。
　　A.门到门的交接　　B.站到场的交接　　C.门到站的交接　　D.场到场的交接
　　E.场到站的交接
5.下面的集装箱货物交接方式中,属于拼箱货—整箱货的是[　]。
　　A.门到门的交接　　B.站到场的交接　　C.站到门的交接　　D.场到场的交接
　　E.场到站的交接
6.按货物性质分类,货物可以分为[　]。
　　A.普通货　　　　　B.特殊货　　　　　C.整箱货　　　　　D.拼箱货
　　E.拆箱货
7.国际货物运输方式包括:[　]。
　　A.国际海上货物运输　　　　　　　　　B.国际航空货物运输
　　C.国际铁路货物运输　　　　　　　　　D.国际公路货物运输
　　E.国际货物多式联运
8.在国际贸易实践中,买方或银行或提单受让人乐于接受[　]。
　　A.已装船提单　　　B.收妥待运提单　　C.清洁提单　　　　D.不清洁提单
　　E.指示提单
9.提单的签发人是[　]。
　　A.承运船船长　　　B.承运船大副　　　C.承运人或其代理　D.船东或其代理
10.下列英语缩写文字与集装箱运输有关的是[　]。
　　A.FCL　　　　　　B.LCL　　　　　　C.CY　　　　　　　D.CFS
11.集装箱运输航线的特点有[　]。

A.航行速度快　　　B.班期固定　　　C.挂港多　　　D.挂港少
E.装载量大

12.远洋运输采用的方式主要有[　]。
A.买船运输　　　B.班轮运输　　　C.定期船运输　　　D.租船运输
E.不定期船运输

13.班轮运输的优点包括[　]。
A.特别适合零星小批量货物的运输　　　B.货物运送及时、快捷
C.特别适合大批量货物的运输　　　D.能满足各种货物对运输的要求
E.能承担货物转运工作

14.常见的租船方式有[　]。
A.航次租船　　　B.定期租船　　　C.包运租船　　　D.包期租船
E.光船租船

15.提单的基本内容一般包括[　]。
A.有关当事人　　　B.有关费用　　　C.有关货物　　　D.有关运输和其他
E.有关提单正面契约文句的内容

三、填空题

1.集装箱运输起源于_____。
2.船公司的集装箱通常分为_____和_____两种。
3.集装箱的堆码有时会产生不正确的堆码状态,它分为_____和_____。
4.集装箱计算单位,有_____和_____两种。
5.集装箱计算单位换算成6.1m(20ft)用_____表示,换算成12.2m(40ft)用_____表示。
6.集装箱的性能主要是指_____和_____。
7.集装箱标准根据其使用范围,分为_____、_____、_____和_____等四种。
8._____意为成本加运费加保险费价(指定目的港),又称为到岸价格。
9._____意为装运港船上交货成本加运费价(指定目的港)。
10._____意为装运港船上交货成本价,又称为离岸价格。
11.船公司的集装箱通常分为_____和_____两种。
12.多式联运以集装箱为运输单元,可以实现_____运输。
13.场到场货物的交接形态均为_____。
14.场到门货物交接形态均为_____。
15.门到场货物交接形态均为_____。
16.门到门货物交接的形态均为_____。
17.在集装箱运输过程中,集装箱货物的交接地点主要有三处:_____、_____、_____。
18.在集装箱货物的运输过程中,货物的集散方式有两种:_____和_____。
19.传统的货物运输是在货物的自然包装下,以_____形式组织的运输。
20._____是成组运输中的高级形式。

四、名词解释

1. 集装箱自重
2. 载重
3. 额定重量
4. 集装箱的性能
5. 整箱货
6. 拼箱货
7. 危险货物
8. 超高货
9. 堆场指位
10. 浮装式集装箱船
11. 滚装式集装箱船
12. 集装箱两用船
13. 半集装箱船
14. 全集装箱船
15. 吊装式集装箱船

五、简答题

1. 集装箱分配及使用一般应遵循哪些原则？
2. 集装化运输具有哪些优越性？
3. 简述集装箱箱务管理的意义。
4. 普通运输的货运提单和集装箱运输的货运提单有什么不同？
5. 在进口货运中，涉及的单证有哪些？
6. 什么是拼箱货物运输？简述其作业过程。
7. 装载超高货物需考虑哪些因素？
8. 集装箱货运站有哪几种类型？
9. 整个集装箱码头机械化系统包括哪几部分？
10. 根据其使用特点，集装箱吊具分为哪几种？
11. 简述三大集装箱航线。
12. 什么是集装箱班轮运输？其特点是什么？
13. 公路集装箱运输运送方法有哪几种？
14. 公路集装箱运输在多式联运中的货运形式有哪几种？
15. 我国公路汽车集疏运港口国际集装箱的工艺流程有哪几种形式？

六、论述题

1. 铁路集装箱场设置时应遵循的基本原则是什么？

2.集装箱场布置形式有哪些基本要求？
3.铁路通用集装箱运输的基本条件是什么？
4.论述集装箱船配积载图的编制过程。
5.论述铁路集装箱货运程序。
6.论述集装箱货运进口的一般程序。

参 考 答 案

一、单项选择题

A D B C D   A B D A C
B C A D B   A C C A B
B A D B D   C C B D C

二、多项选择题

CE   ABCE   ADE   CE   BC
AB   ABCDE   ACE   ACD   ABCD
ABDE   BCDE   ABDE   ABCE   ACDE

三、填空题

1. 英国
2. 自有箱　租箱
3. 偏码　偏置
4. 6.1m(20ft)　12.2m(40ft)
5. TEU　FEU
6. 刚性　风雨密性
7. 国际标准　地区标准　国家标准　公司标准
8. CIF
9. CFR
10. FOB
11. 自有箱　租箱
12. "门到门"
13. 整箱货
14. 整箱货
15. 整箱货
16. 整箱货
17. 集装箱堆场　集装箱货运站　托运人或收货人工厂或仓库
18. 整箱货　拼箱货
19. 散件杂货
20. 集装箱运输

四、名词解释

1.自重又称空箱质量(Tare mess),以 T 表示,它是包括各种集装箱在正常工作状态下应备有的附件和各种设备。

2.又称载货质量,以 P 表示,它是集装箱最大容许承载的货物重量(货物质量),包括集装箱在正常工作状态下所需的货物紧固设备及垫货材料等在内的重量(质量)。

3.又称额定质量,以 R 表示,它是指集装箱的空箱重量(空箱质量)和箱内装载货物的最大容许重量(最大容许质量)之和,即最大工作总重量(最大工作总质量),简称最大总重。

4.主要是指刚性和风雨密性。刚性(Rigidity)是指集装箱在运输中(特别是在船舶摇摆时)抵抗横向或纵向挤拉载荷的能力。风雨密性(Weather proofness)是指具有按规定喷水试验所要求的严密性。

5.是指由发货人负责装箱、计数、填写装箱单,并由海关加铅封的货物。

6.是指装不满一整箱的小票货物。这种货物通常是由承运人分别揽货并在集装箱货运站内集中,而后将两票或两票以上的货物拼装在一个集装箱内,运到目的地的集装箱货运站后拆箱,分别交货。

7.是指具有引火爆炸或货物本身具有毒性、腐蚀性、氧化性,并可能使人体的生命和财物遭受损害的运输对象的总称。

8.是指货物的高度超过集装箱的箱门高度的货物。

9.是指堆场业务人员给客户通过集装箱拖挂车送到港口的集装箱(出口箱)或从船上卸下来的集装箱(进口箱)安排在堆场堆放位置的行为。

10.这是把驳船作为集装箱,利用顶轮推着驳船在水面上浮进浮出,或利用驳船起重机把驳船从水面上吊起,放入舱内的一种大型货船。

11.是指利用船侧、船首或船尾的开口,通过跳板将集装箱与拖车一起,沿水平方向拖进拖出,进行装卸的船舶。

12.这是一种既可以装普通杂货又同时可以装载集装箱的两用船舶。其特点是大舱口、平舱盖,舱盖上也可以装载集装箱。

13.是指普通货船中的一部分船舱(通常是中央部位的船舱)作为集装箱专用舱装载集装箱用,而首尾舱为普通杂货舱。

14.又称为集装箱专用船,是一种专为装载集装箱运输而建造的专用船舶,以便在海上能安全、有效地大量运输集装箱。

15.是指利用船上或岸上的起重机将集装箱进行垂直装卸的船舶,可分全集装箱船、半集装箱船和集装箱两用船三种。

五、简答题

1.当港口集装箱充裕时,按船舶开离时间顺序分配用箱;当港口集装箱不足时,应首先保证本月调进空箱量大的航线经营人所属船舶用箱,再考虑运距长的货物用箱;对去往集装箱严重积压的港口的货要控制放箱;要保证高质、有重要运输协议、有特殊运输时限要求的货物和展品等货物的用箱;要保证特种货物对特种用箱的需求。

2.(1)集装化运输能提高货物运输质量。

(2)集装化运输能节约包装材料。

(3)集装化运输能实现装卸作业机械化。

(4)集装化运输能提高场库存储能力。

(5)集装化运输能简化点件交接时间。

(6)集装化货件能提高运载的载重力和容积利用率。

(7)集装件便于多式联运时直接换装。

(8)集装化运输有利于货场环境保护。

3.集装箱箱务管理是集装箱运输系统中极其重要的环节,其内容包括集装箱的调运、备用、租赁、保管、交接、发放、检验及修理等工作。做好集装箱箱务管理,对降低集装箱运输总成本,减少置箱投资,加快集装箱的周转,提高集装箱货物的装载质量和货运质量,提高企业经济效益和国际航运市场的竞争能力均具有重要意义。

4.普通运输的货运提单,是在货物实际装船完毕后,经船方在收货单上签署,表明货物已装船,发货人据经船方签署的收货单(大副收据)交船公司或其代理公司换取已装船提单。而集装箱运输中的货运提单则是用港口收据换取的,它与普通货物运输下签发的已装船提单不一样,它是一张收货待运提单。所以,在大多数情况下,船公司根据发货人的要求,在提单上填注具体的装船日期和船名后,该收货待运提单也便具有了与已装船提单同样的性质和作用。

5.提货单、卸箱清单、理货计数单、溢短残损单、催提单、拆箱单、集装箱催提单和催提进口货清单等。

6.拼箱货物运输是由货主通过普通汽车将货物运输到集装箱货运站,承运人将货物集中后,把不同票而到达同一目的地的货物拼装在一个集装箱内,再运输到集装箱码头堆场,等待装船。船舶到达目的港后,运输到集装箱货运站拆箱,再利用普通汽车运送到收货人处。采用这种运输形式,一般货物批量较小,不足以装满一箱,货物可以来自不同的起运地,但必须运往同一目的港。

7.装载超高货物不仅需要考虑装载作业本身的可能性,而且还需考虑下述因素条件:

(1)道路通过能力的限制;

(2)车站和港口装卸作业条件的限制;

(3)船舶装载空间的限制。

8.主要有以下三种类型:

(1)设在集装箱码头内的货运站;

(2)设在集装箱码头附近的货运站;

(3)内陆集装箱货运站。

9.港口前沿设备、水平搬运设备、堆场作业设备及拆装箱设备等。

10.可分以下三种:

(1)固定式集装箱吊具;

(2)伸缩式集装箱吊具;

(3)组合式集装箱吊具。

11.(1)远东—北美太平洋集装箱航线;

(2)远东—欧洲、地中海集装箱航线;

(3)北美—欧洲、地中海大西洋集装箱航线。

12.是集装箱运输船按照预先公布的船期表,在固定的航线上和规定的挂靠中途港的顺序,往返航行于航线各港间的一种营运组织方式。其特点是对一定的集装箱船舶来讲,开航日期固定、开航时刻固定、挂靠港口固定、运价相对固定。

13.(1)汽车货运方式

这种方式是以一般货车来运送集装箱,集装箱对于货车而言,只是一件较为庞大的货物而已,货车除了可用于装运集装箱外,还可适用于其他货物。

(2)全拖车方式

这种方式从货车运送方式上演变而来,除了以一般货车装载集装箱外,再与货车尾端以一拖杆牵带一辆车架运送另一集装箱。

(3)半拖车方式

这种方式是以一辆拖车后拖一车架以装运集装箱,拖车可脱离车架而灵活调度使用,以增加使用率。

(4)双拖车合并方式

这种方式是在半拖车之后以一台引车衔接另一车架,用以装运第二个集装箱。

14.(1)整箱的港到门直达运输;

(2)整箱的港到站或堆场运输;

(3)整箱的门到港直达运输;

(4)整箱的门到场或站运输;

(5)空箱的场到门或站到门运输;

(6)空箱的站到场或场到站运输;

(7)空箱的站到站或场到场运输。

15.(1)港口—货主;

(2)港口—公路集装箱货运站—货主;

(3)港口—公路集装箱货运站。

六、论述题

1.答:(1)集装箱场的设置。在办理站集装箱作业量较大的综合性货场,应设单独的集装箱货区;在集装箱作业量特大的办理站,宜设单独的集装箱场。

(2)集装箱场在办理站内设置地点,应设在办理站上风方向,且便于车辆的取送,并与城市交通有良好的配合。

(3)集装箱场内应铺设畅通的汽车通道,以便集装箱的接取、送达和公铁联运。

(4)集装箱场地要硬面化,场地要平坦,并有良好的照明和排水系统。

2.答:(1)集装箱场的布局应充分利用场地面积,尽可能地缩短移动式机械的行程,并且能够迅速地挑选集装箱。

(2)装卸线和场内通路的布置应当使各种作业方便、安全、装卸和搬运时,采光和瞭望条件要好。

(3)通路的布置应使所有的机动车辆都能单方向行驶。

(4)集装箱各作业区的划分,应使各项作业互不干扰。

(5)箱位应按每辆货车装载箱数成列、成行放置来划分,以便于配车和装车作业。集装箱的放置方向应便于起重机的起吊作业。

(6)门式起重机的行走轨道应按埋轨式设计,以便叉车和其他机动车辆跨轨作业。

(7)集装箱办公室的设置地点应便于货运、装卸和物资部门人员办理托运、交付等各项业务,还应设置门卫等办公房舍和有关设备。

(8)为了及时维修技术状态不良的集装箱,尚应设置集装箱维修工厂,并配备必要的维修设备。

3.答:(1)凡是不符合规定标准的集装箱,不能按集装箱办理运输。

(2)集装箱在集装箱办理站间办理运输,自备集装箱还可在经铁路局批准的专用线发送或到达。

(3)必须是适合集装箱装运的货物,下列货物不能使用铁路通用集装箱装运:

①易于污染和腐蚀箱体的货物;

②易于损坏箱体的货物;

③鲜活货物;

④危险货物(另有规定的除外)。

(4)必须遵守"一批"办理的条件。铁路集装箱和自备集装箱不能按一批办理托运。使用托运人提供的回空自备集装箱装运货物,按铁路集装箱办理。

(5)集装箱装箱和施封由托运人负责,启封和掏箱由收货人负责。

(6)由托运人确定重量。

(7)集装箱不办理军事运输。

4.答:集装箱船配积载图编制过程如下:

(1)由船公司的集装箱配载中心或船舶大副,根据分类整理的订舱单,编制航次集装箱预配图。

(2)航次集装箱预配图由船公司直接寄送给港口的集装箱装卸公司,或通过船舶代理用电报、电传或传真形式转给港口集装箱装卸公司。

(3)港口装卸公司收到预配图后,由港口船长(Terminal Captain)或集装箱配载员,根据预配图和港口实际进箱情况,编制集装箱实配图。

(4)待集装箱船靠泊后,港口配载员持实配图上船,交由大副审查,经船方同意后应签字认可。

(5)港口按大副签字认可的实配图装船。

(6)集装箱装船完毕后,由理货公司的理货员按船舶实际装箱情况,编制最终积载图。

5.答:(1)集装箱承运日期表的确定

通过集装箱承运日期表,使发货人明确装往某一方向或到站的装箱日期,有计划地安排货物装箱以及准备短途搬运工具等,使路内外紧密配合,共同搞好集装箱货物计划运输。

(2)集装箱货物的接收

大多数车站都采用由货运公司集中受理的形式。

(3)货物运单的审核

(4)空箱发放

(5)集装箱货物的接受和承运

(6)装车

(7)卸车

(8)集装箱货物的交付

6.答:(1)出口港在船舶开航后,应将有关箱运单证航空邮寄进口港区船公司的集装箱管理处。

(2)集装箱管理处收到出口港寄来的各种货运单证后,即分别发给进口港代理公司和集装箱码头堆场。

(3)进口港代理公司在接到船舶到港时间及有关箱运资料后,即分别向收货人发到货通知。

(4)收货人接到到货通知,即向银行付款购单,并以正本提单向代理公司换取提货单。

(5)代理公司根据收货人提供的正本提单,经与货运或箱运舱单核对无误后,即签发提货单。提货单是收货人向港口堆场或集装箱货运站提货的凭证,也是船公司向港口堆场或集装箱货运站交箱交货的通知。船公司的代理公司签发提货单时,除了收回正本提单并查对进口许可证外,还须货方付清运费及一切有关费用。如果场站收据对集装箱有批注,原注也应列入提货单备注栏内。

(6)收货人凭进口许可证及提货单到集装箱码头堆场办理提箱提货手续。

(7)就整箱货而言,港口堆场根据正本提货单交箱,并与货方代表在船公司签发的设备交接单上签字,以示办妥交接手续。

(8)拼箱货在集装箱货运站办理提货手续,由集装箱货运站向收货人收回正本提货单,将货交由收货人提取。